12歳の少女が見つけたお金のしくみ

小学6年生がやさしく解き明かした経済学の基本

子どもの経済教育研究室代表
著｜泉 美智子

漫画｜水元さきの

イラスト｜モドロカ

監修｜佐和隆光

原案｜久谷理紗

宝島社

はじめに

［子どもの経済教育研究室代表］
泉《いずみ》 美《み》智《ち》子《こ》

２０００年に「子どもの経済教育研究室《けいざいきょういくけんきゅうしつ》」を立ち上げて以来、私は、親子や子どもたちに向けて参加型お金のセミナーやイベントを開催《かいさい》したり、教育関係者に教材を提供したりして参りました。経済をわかりやすく学べるように手作りの紙芝居《かみしばい》「たまごとお金のはなし」を上映したり、参加者に上手なお金の使い方を考えて発表してもらったり、「モノの値段の決まり方」について考えてもらったりするなど、そんな活動を続けながら、活動歴20年目を迎えました。

ちょうど15年前の夏、「夏休み　子どものためのお金セミナー」に、小学6年生の少女が、一番前の席に座り、メモを取っていたのを、私はなんとなく覚えていました。その女の子が後日、夏休みの自由研究で『モノの値段を考える』というレポートを書き、文部科学大臣奨励賞を受賞したとのことで、お母さんがコピーを手に事務所に報告に来てくれました。

少女のレポートを読んだ私は、その素晴らしい出来に驚嘆《きょうたん》いたしました。少女のレポートを中学高校の先生と経済学者の集まりで紹介したところ、だれもが絶賛《ぜっさん》したのを鮮明《せんめい》に覚えています。

昨年、宝島社《たからじましゃ》の編集者渋谷祐介さんが、少女のレポートを見て「子どもらしい感性と、命の値段まで考えるという奥深さ……素敵《すてき》ですね、ぜひこれを本にしましょう！」と仰《おっしゃ》ってくださいました。早速、レポートの筆者である受賞当時12歳の少女、今は社会人であるはずの彼女の所在《しょざい》を探り、やっと14年ぶりの再会を果たし、この本の出版に漕《こ》ぎ着《つ》けることができました。

小学6年生の少女が、モノの値段への素朴《そぼく》な関心から出発して、調べ学習の賜物《たまもの》として、大学の経済学部の学生に勝《まさ》るとも劣《おと》らぬ思考力・判断力・表現力（文部科学省のいう学力の3要素）を発揮《はっき》して書き上げた力作は、読者の皆様方の感動を誘うにちがいありません。なお、エンピツで手書きのレポートの、少女ならではの〝良さ……〟を損《そこ》なうことなく原作に私が手を入れ、さらには経済学者の佐和隆光《さわたかみつ》先生に監修《かんしゅう》をお願いしたことを、念のため付記《ふき》させていただきます。

原案『モノの値段を考える』について

この本は第23回全国小・中学生作品コンクール（「子どもの文化・教育研究所」主催）で文部科学大臣奨励賞を受賞した、当時小学6年生の久谷理紗《くたにりさ》さんが書いた『モノの値段を考える』がベースになっています。

「モノの値段」という経済の基本的なしくみを子どもらしいやわらかな感性で分析していると評された秀逸《しゅういつ》な作品が、『節約・貯蓄・投資の前に 今さら聞けないお金の超基本』（朝日新聞出版）の監修者であり、「子どもの経済教育研究室」代表を務める泉美智子氏の手により、お金や経済学の初歩についてやさしく、楽しく学べる入門書として生まれ変わりました。

なお、原案である『モノの値段を考える』が書かれたのは2005年のため、情報や経済のしくみなど当時と変わっているものについては、最新の内容に置き換えています。

本書の見方

各章が「お話」「解説」「泉と6年生のやりとり」から構成されます。

神楽《かぐら》クレールという小学6年生のさまざまな体験を通し、物語形式で一緒にお金について学べるというのが本書の特徴です。

お話

原案ではかわいらしいイラストと文章で構成されていた「お話」の部分を、本書では漫画化し、より物語に入って行きやすいように、より視覚的に楽しめるようにしました。

第3章　労働の値段

第4章　売る側から

第5章　買う側として

1章

値段の変わり方・決まり方

パートA

①セリ、オークション

②需要と供給

③値段の決まり方

④インフレーション、デフレーション

プルルルル
プルルルル
クレール！ちょっと電話出てちょうだい
パタパタパタ
はーい
ガチャ
もしもし神楽です
神楽《かぐら》クレール
小学６年生
クレールちゃん群馬のおじさんだけど――
あぁ康《やすし》おじさん！久しぶり元気？
元気だよ
ところでクレールちゃん今度の日曜日は空いてるかな？
『子供農業体験』っていう嬬恋村《つまごいむら》のキャベツをみんなで収穫《しゅうかく》するイベントがあるんだ
へぇー行ってみたいかも
ぜひ来てよその後も時間あるからうちに寄っていけばポチもいる
ぜったい行く!!
おじさん家《ち》のポチに会えるなら行く!!
そりゃ行くよ!!
ヘッヘッ
理由はそれか…
ぴ

まぁいいや
じゃあ
朝は早いぞ
午前3時ごろに
車で迎《むか》えに行くからな
えっ？
午前3時!?
う〜んオッケー
がんばって
起きるよ
じゃあまた
日曜日に会おう
お兄ちゃんも
誘っといて!!
わかった！
日曜日——
カチ…
カチ…
カチ…
ウトウト…
ブロロロロロ…
あ
康おじさんの
車来た
お兄ちゃん
迎えに来たよ
…おぉ
じゃあ行くか〜
神楽ピエール
中学２年生

よっ
みんな元気？
よく起きてたね
さっ
乗って乗って
じゃあ康《やすし》
ふたりを
よろしくな
気をつけて
いってらっしゃい
いってきまーす
ブロロロロロ……
チュン
チュン
んー…
ムクッ
わっ
もう6時だ

ガパ
うるさーい
おっ
やっと起きたか
ねぼすけ
ほらー！
こっちだよ
ふたりともー!!
すっ…
おーい
おーい
早く来いよー
すっごい
広い…!!

ハァハァ…
まってよー
おっ 来た来た
これで集まったかな
では
おはようございます
みんな朝早くに集まってくれてありがとう!
今日は『子供農業体験』ということで
中学生オレだけ…って
ここ嬬恋村のキャベツ農業について知ってもらおうと思います
じゃあとりあえず…
散歩といくかな

この辺のキャベツ立派なのに
誰も手をつけてないのね
ほんとだ！
すっご〜いもらっちゃおっかな
グイ
グイ
ドテン
アホっ!!やめなさいよ！
はずかしいでしょ！
いってぇ〜
別に取ってもいいんだよ
でも芯は固いだろうから
後でやる収穫体験の時にここのキャベツを取ろう
どうせここのは捨てられる運命なんだ
なんでー!?
捨てられる理由…
虫くいが多いから？
それとも農薬をかけすぎたとか…
う〜ん…
シュー

02 需要と供給

モノ、特に野菜やお米などの農産物は価格が変わりやすいとされます。なぜ変わるのか、そしてどのように決まっているのでしょうか。

価格が変わる

農産物の価格が変わりやすいのは、例えば、冷夏や、鳥インフルエンザのような事態が起こるからです。

でも、そんな出来事がなくても、農産物の価格は上がったり下がったりしまます。いったい、モノの値段はどのようにして決まるのでしょうか。

決め手となるのは、需要と供給です。需要とは、価格を知ったうえで人々が買おうと考えるモノの個数のことです。

供給とは、価格を知ったうえで、モノを売る側の人が売りたいと考えるモノの個数です。モノを売る側の人は、売れ残りが生じては困りますし、すぐに売り切れてしまうのも困ります。なぜなら、後から来たせっかくのお客さんに満足しても

らえないからです。

売れ残るか売り切れるかは、売り手がつける価格次第です。売れ残りが生じれば、売り手は価格を下げるはずです。価格を下げれば、売れ残りの個数は減るはずです。逆に、売り切れになれば、売り手は価格を上げるはずです。このように売り手が価格を調整することによって、売れ残りも売り切れも減っていくのです。

モノが安いときの2つの例

買いたい人（需要）よりモノ（供給）が多いと、値段は安くなります。2つの例で説明します。

① 供給が多いとき

例えば、キャベツが豊作の年は、供給されるキャベツが多くなるため、需要（買いたい人）より、供給（モノ）が上回り、価格が安くなります。

●供給が多いときの例

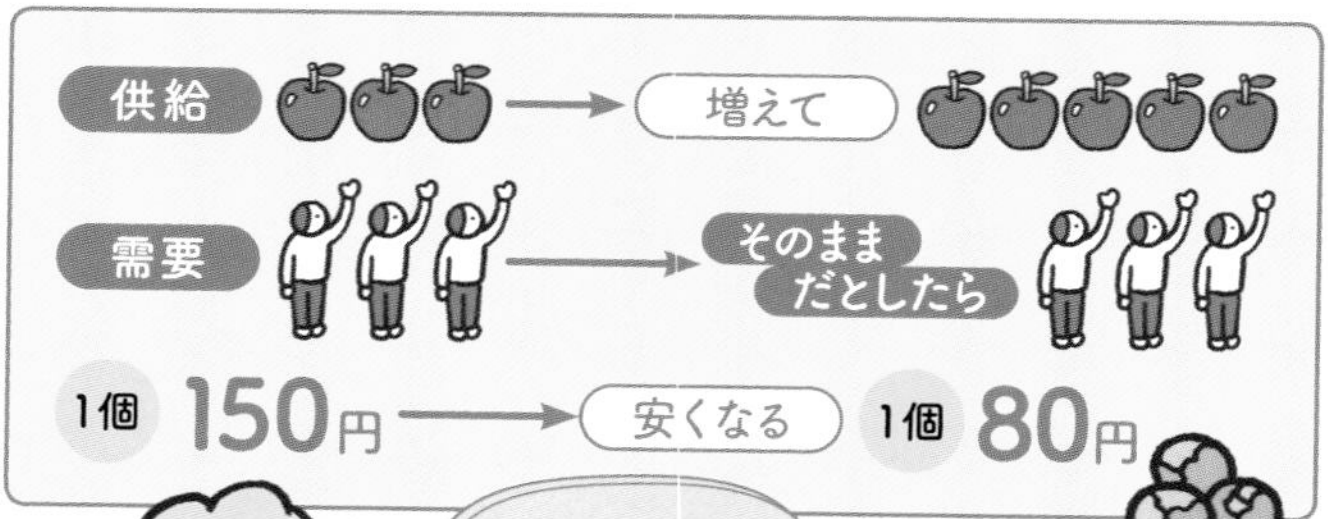
供給
増えて
需要
そのままだとしたら
1個 150円
安くなる
1個 80円

うーん、安くなりすぎるとこまるし、つぶそう……

おじさん キャベツつぶしちゃうんだ…。収穫期のキャベツをつぶすってことは、これまで育ててきた苦労はパァだね。

② 需要が少ないとき

人気《にんき》がないと、商品を買ってもらえません。だから売る側は、価格を下げて買ってもらうしかありません。

●需要が少ないときの例

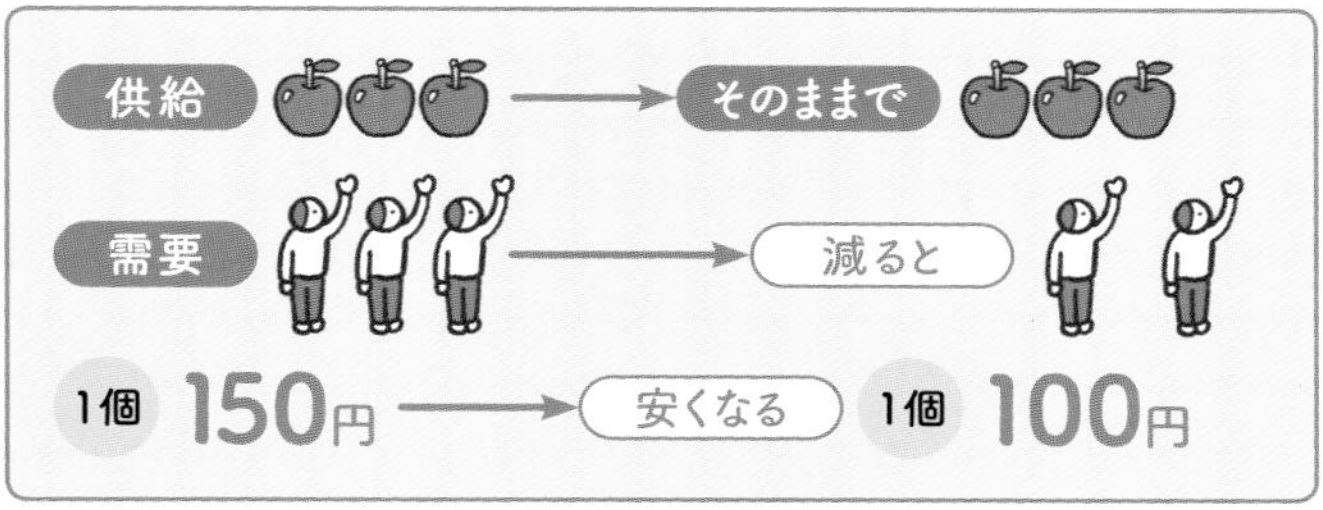
供給
そのままで
需要
減ると
1個 150円
安くなる
1個 100円

モノが高いときの2つの例

モノ（供給）より買いたい人（需要）が多いと、価格は高くなります。2つの場合があるので例を挙げます。

① 供給が少ないとき

もしも台風が来たり冷夏だったりすると、農産物の収穫が減ることがあります。そんなときは供給が減り、希少になります。そのため、価格が上がります。

●供給が少ないときの例

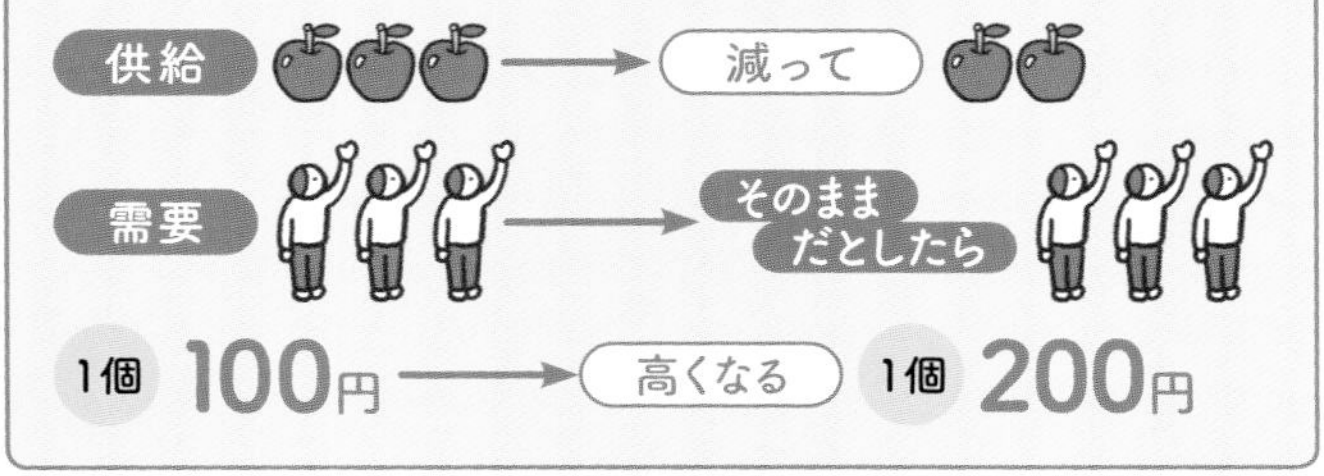
供給
減って
需要
そのまま
だとしたら
1個 100円
高くなる
1個 200円

② 需要が多いとき　人気があって、よく売れる商品は、どんどん売れるため価格が高くなっていきます。

●需要が多いときの例

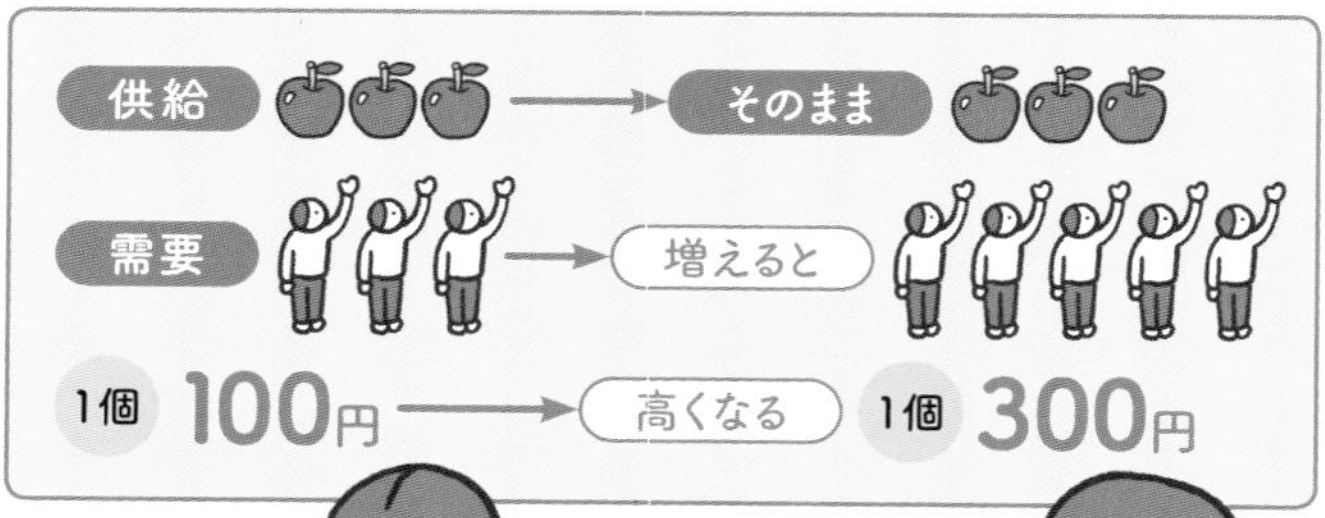
供給
そのまま
需要
増えると
1個 100円
高くなる
1個 300円

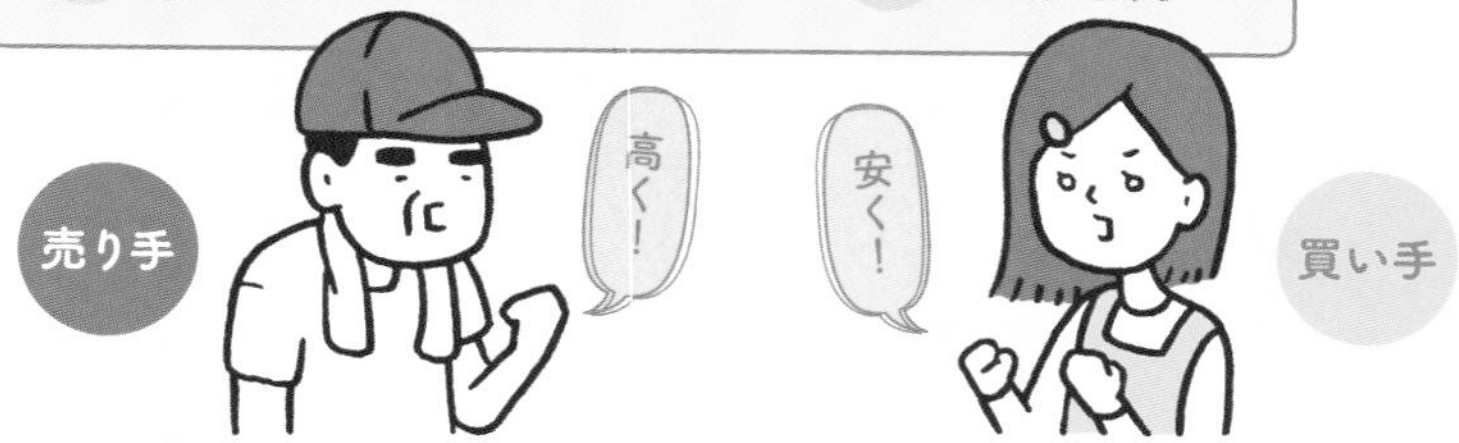
売り手
高く！
安く！
買い手

需要・供給曲線

これが、価格の決まり方の基本です。また需要と供給のバランスを考え、「均衡《きんこう》価格」が理論的にはあるということを示しているのが、需要と供給の曲線です。

需要曲線は買い手の気持ち、供給曲線は売り手の気持ちを表します。このグラフは、価格の変化についてを考えるもので、それ以外は無視し、その他の条件は一定と考えます。

値段が決まれば、需要と供給が決まります。価格が上がれば、需要は減り、供給が増えます。逆に、価格が下がれば、需要が増え、供給が減ります。

こうした関係を示したのが。次ページの図です。

需要曲線は右下がり、供給曲線は右上がりなの

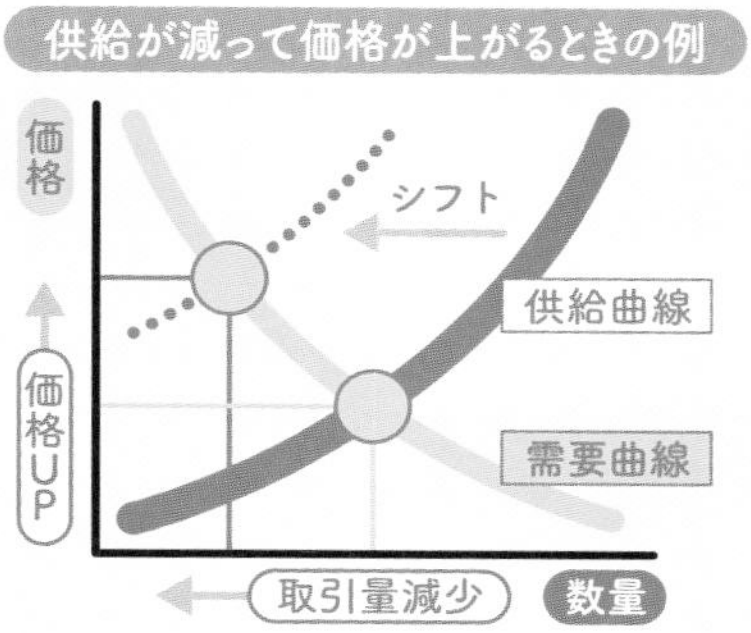
供給が減って価格が上がるときの例
価格
シフト
供給曲線
価格UP
需要曲線
取引量減少
数量

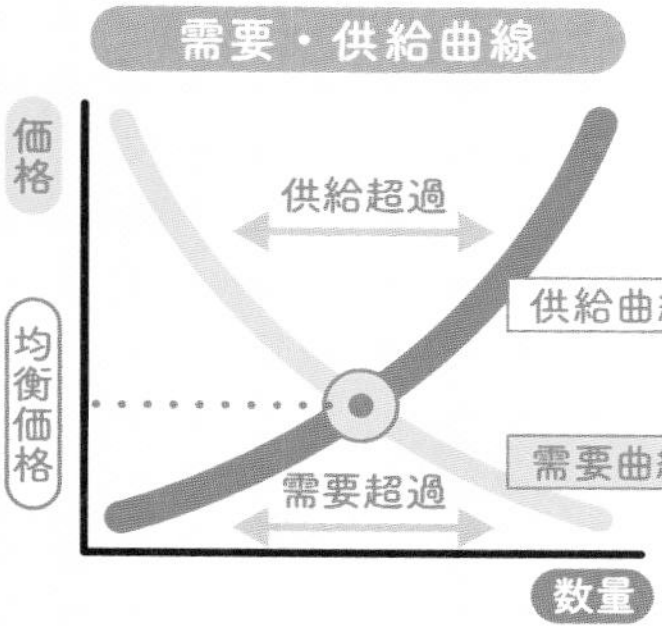
需要・供給曲線
価格
供給超過
供給曲線
均衡価格
需要曲線
需要超過
数量

です。**2つの曲線が交わるところで需要と供給は等しくなります。**需要と供給が等しくなるような価格のことを、**均衡価格**といいます。

価格以外の条件が変化したとき、需要曲線または供給曲線が移動（シフト）します。例えば、キャベツが不作の年ならば、キャベツの供給曲線は上の図のように左にシフトします。

需要曲線がシフトしなければ、均衡価格は上がります。つまり、不作ならば、価格が上がるのは当然のこととしてうなずけます。

逆に、キャベツが豊作ならば、供給曲線が右にシフトして均衡価格が下がります。スーパーや八百屋さんで、同じ野菜でも日によって値段がちがうのは、このような原理で均衡価格が動いていることが影響しています。

つまり、需要・供給曲線のシフトは外部条件の変化によって起きるのですが、食事の洋風化が牛肉の需要曲線を右にシフトさせたり、ベジタリアンの増加は牛肉の需要曲線を左にシフトさせたりするのです。

需要・供給曲線を使って均衡価格の変化を図で表すと、モノの値段の動きがよくわかるようになります。

小学6年生の考えたこと&思うこと
【需要と供給】

=泉美智子　=12歳の少女

たしかキャベツが高かった年に、お母さんはよく半分に切られたキャベツを買っていた、という記憶があります。でも、その次の年はお母さんが半分のキャベツを買ったのを見ませんでした。

いいことに気がつきましたね。豊作の年は供給曲線が右にシフトする、つまり供給が多いということです。

前のページの図で考えると、青色の供給曲線が右に動くことで数量が増え、均衡価格が下がるということですね。

その通りですね。この図を使いこなせるようになれば、経済の理解が深まりますよ。

需要と供給について考えたうえで思ったのが、このテーマは、私たちにとても身近だということです。これからも、身近な需要・供給をめぐって色々な発見をしたいです。

例えばイワシやサンマ、イチゴ、トマトなどで考えてみると面白いかもしれないですね。

Chapter 01

03 値段の決まり方

生産から始まって小売店の店頭に並ぶまでには、さまざまな費用がかかります。私たち消費者がモノを買うまでに生産者や商店が負担した費用が値段の決め手の一つとなるのです。いったいどんな費用がかかるのでしょうか。

値段の解剖!!

モノの値段の中身には、例えば下に記したような費用が積み上げられています。

農産物の値段

米、麦、野菜などを育てるための費用

＋運送費 ＋人件費

魚の値段

漁（または養殖《ようしょく》）に必要な費用

＋運送費 ＋人件費

供給する側は、まずこういった費用がどれだけかかるのかを計算します。そこに目標の利益（経営者である自分や社員の人件費）を加えて値段を決めます。その値段で買い手が買ってくれればいいけれど、多くの商品は市場競争が激しいので、ライバルに負けないように

良い商品を、安い値段で

しなければなりません。買い手に逃げられないよう、費用ギリギリの値段になることもめずらしくないようです。そのような市場を「完全競争市場」と呼びます。

生チョコ
¥150
市場競争で値段が下がる

　しかし、他の会社がまだ発売していない新製品であれば、ライバルがいないため市場を独占《どくせん》し、かなり高い目標の利益を得ることができます。これが「独占市場」です。

　また、今ある製品にちょっとした工夫《くふう》をほどこしたり、自社の製品が他社の製品よりも優《すぐ》れていることを宣伝《せんでん》したり、チョコレートであればブランドイメージを持たせたりすれば、自社製品に高い値段をつけることができます。こうしたやり方を「非価格競争《ひかかくきょうそう》」といいます。自社の製品が他社の製品とは違うという希少性《きしょうせい》をつくり出して、価値を高める方法です。多くの買い手が「あんなふうに宣伝してるんだから、きっと良い物に違いない」と思って、少し高くてもその製品を買ってくれるでしょう。

　でも、値段のつけ方には限度があります。あまり高い値段をつけすぎると、買い手は寄りつかないからです。「非価格競争」といっしょに、「価格競争」にも勝てるようにしなければなりません。

最高の
なめらかさ
CHOCOLATE
モノの価値を高めるCM

Chapter 01
Part B

いろいろな価格設定

お店で売られているモノの「価格」には、いくつかの種類があります。
それらは誰が、どのようにして決めているのでしょうか。

価格設定の種類

価格設定の仕方には、どのようなものがあるのかをまとめてみました。

オープン価格

いくらで売るかを小売店が自由に決めます。現在はこの価格のつけ方が広まっています。

◎家電製品、化粧品、食料品など

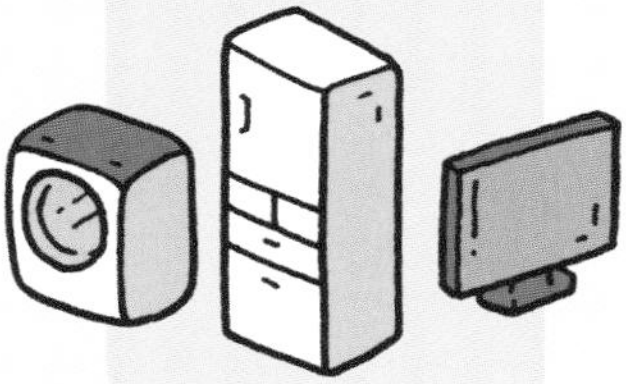

再販売価格（定価）

出版社やレコード会社があらかじめ定めた値段で売ることが、小売店との間で決まっています。原則的に値上げも値下げもできません。

◎本、新聞、CDなど

公共料金

国や自治体が決める、もしくは認可します。

◎水道、電気、ガス、公立の学校、郵便、鉄道、タクシーなど

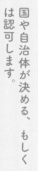

小学6年生の考えたこと&思うこと
【いろいろな価格設定】

=泉美智子

=12歳の少女

値段ってお店が自由に決めているように思っていましたが、実はいろいろな決まり方があるんですね。

そうなんです。オープン価格と再販価格についてもう少し詳しくまとめると、次のようになります。

オープン価格

- スーパーやドラッグストア、電器店、百貨店といった小売店が自主的にモノの価格を決める
- 安くしてお客さんを増やすか、高くして一つあたりの売上を増やすか、店が自由に決める
- 生産者が卸売業者に出荷する価格は生産者が決める
- 卸売店や小売店での値段については、生産者は何も口を出さない
- 小売店が安売り（セール）をするのは、多くのお客さんに来店してもらい、売上高＝価格×売上個数を増やすねらいがある
- 新聞の折り込みチラシやインターネットのＨＰ等にセールの広告をのせて、できるだけ多くのお客さんを集めるよう努力する

再販価格

- 出版社やレコード会社などのメーカーが小売価格を決定できる「再販制度」（正確には再販売価格維持制度）がある
- 再販制度の対象は本、雑誌、新聞、音楽ソフト（ＣＤ）など
- 売上高が安定しているのが、再販価格のメリット
- 例えば書店は出版社が決める定価で本を売ればいい
- 自分で価格を決める必要がないため、書店の経営者や店長さんが悩む必要がない
- 本の値打ちは内容次第で、本をちゃんと読んでから値段を決めるのは、忙しい店長さんにとって大変すぎる仕事。なので、本の価格を出版社があらかじめ決めてくれるのは、書店にとっても有難いことと言える
- ただし、値引きはできない

それぞれに良いところがあるんですね。

そうですね。この２つ以外に「メーカー希望小売価格」という価格の決まり方もあります。

それは、オープン価格とどう違うのでしょうか？

モノを作るメーカー側が小売店に対し、「これくらいの値段で売ってほしい」という希望の価格を伝えるのです。

希望……なので、従わなくても良いんでしょうか？

そうです、あくまで目安の値段ということです。以前はよくありましたが、今は少なくなり、オープン価格が一般的になっています。
いわゆる量販店は大量に仕入れるせいで、小規模小売店よりも仕入れ値が安い場合が多いため、メーカーの希望小売価格を下回る価格で売ることができます。

だから大きいチェーンの量販店はモノが安いんですね！

02

裁定《さいてい》取引とは

その昔、もうけの出し方の基本に裁定取引というものがありました。では、裁定取引とはなんでしょうか。

裁定取引によるもうけ方

裁定取引とは、安いところで買って、高いところで売ることによって、もうけを出すことを意味します。「さやとり」とも呼ばれます。

江戸時代に裁定取引で大もうけした人がいました。紀伊国屋文左衛門《きのくにやぶんざえもん》です。彼は、気候温暖なミカンの産地紀州（今の和歌山県）の生まれ育ちで、ミカンの値段が安い紀州でミカンをたくさん買って、太平洋の荒波におびやかされながら、ミカンの高い江戸に船で運んだのです。

太平洋が大荒れ続きのため、江戸への船旅が危険な冬には、紀州では売れ残りのミカンがタダ同然、江戸ではミカンの供給不足のためにミカンの値段は高騰《こうとう》します。そこに目をつけた文左衛門は、船の転覆《てんぷく》を覚悟の上で、大量のミカンを積んだ船で太平洋を渡り、江戸にミカンを届け、大もうけをしたのです。船の転覆というリスクの

ついた裁定取引で、文左衛門は大もうけできたのです。

値段の統一

これは、裁定取引が行われた時に起こる、値段の変わり方です。

A島とB島は、海をはさんで隣どうしの島です。それぞれの島にナシ屋さんが一軒《けん》ずつあります。でも、A島ではナシ一個が200円で売られているのに、B島では1000円で売られているのです。きっとB島の人たちはこのことを知ったら、A島のナシを手に入れようとするでしょう。

そこで商人たちは、この機会に大もうけしようとA島にナシを仕入れに行き、B島のナシ屋さんの値段より少し安く売ります。するとB島のナシ屋さんは、値下げせざるをえなくなるでしょう。

同じ値段に近づいていく

その反対に、A島のナシ屋さんは商売繁盛《はんじょう》し、もっと値上げしようと考えるのです。

その繰《く》り返しで、A島とB島のナシの値段の差は縮まり、同じになるまで続けられて、等しくなります。ただし、ナシを船で運ぶのにコストがかかりますから、その分《ぶん》だけ、両島のナシの値段の差が残るでしょう。でも、輸送コストがほとんどかからなければ、この取引は、値段が等しくなるまで続くはずです。全く同じ値段になってしまえば、B島からA島にナシを買いに行く必要はなくなります。

価格が同じにならないケース

ところで、福島県のモモはおいしくて有名ですが、産地で1個300~400円くらいするのを見ました。

では、大消費地の東京では、福島のモモの値段はいくらでしょうか。

産地よりも都内の方が安いことも？
産地直送
桃 200円

近所のスーパーで調べてみると、種類にもよりますが、1個200~300円くらいで売られていました。たくさん出回る旬《しゅん》の時期には、値段はもっと下がるでしょうし、逆に質の良いモモの場合は、もっと高くなるでしょう。

でも、なぜでしょうか。産地のほうが、値段が少し高いのです。裁定取引によって産地と東京で値段がほぼ等しくなるとしても、東京のほうが安くなるなんてこと、あるのでしょうか。

これはたまに起こることです。理由は、産地の福島に比べて、何倍ものモモが東京では売れるからです。例えば全国チェーンの大手スーパーは、契約栽培によって現地の農家と直接、大量の取引をすることで、仕入れ値を安くおさえています。

特産魚の場合

　最近では、輸送と冷蔵技術の発達のおかげで、生鮮食料品が東京でも産地とほぼ同様のおいしさで食べられます。ただし、それだけ輸送のコストが高くなりますから、例えば、鮮魚の値段は、東京の方が北海道よりも高くなります。

　産地から大消費地に生鮮食料品を運んでも、よほど大量に売らないともうけが出ません。例えば、タイやマグロのように日本の多くの漁港で水揚《みずあ》げされる魚と、高知のニロギ、沖縄のミジュンなど、出荷量が少ない地方の特産魚ではちがうというわけです。特産魚の場合は、東京の魚市場のセリでは高値がついて売られます。

　また、同じ地域でも価格が同じにならないケースもあります。観光客値段というものです。北海道のカニを例にとって説明すると、例えば、観光客に人気の市場やおみやげ屋さんで売られているカニは、地元の人が買うお店のカニよりも値段が高くつけられています。同じカニなのに、です。なぜなら、観光客の人はそれだけ、北海道のカニに価値を感じ、高くても買う人がたくさんいるからです。

　これらのように、裁定取引が成立しないケースはたくさんあるのです。

小学6年生の考えたこと&思うこと

【裁定取引とは】

＝泉美智子　＝12歳の少女

裁定取引は、まちがいなくお金がもうけられそうですね。

自分でモノをつくる場合は別ですが、お金を運用する際には「安く買い、高く売る」のが基本ですからね。

現在は、あらゆるモノの裁定取引が終わっているのでしょうか？

そうとも言えます。産地でも消費地でも、ほぼ同じ値段で売られています。もちろん、質の良し悪しによって値段に違いはありますが。

じゃあ、紀伊国屋文左衛門さんのように裁定取引でもうけることはできないんですね。

投資の世界ではこのしくみで利益を得る発想がありますので、興味があれば勉強してみてもいいかもしれませんね。

原案となった
レポートの一部

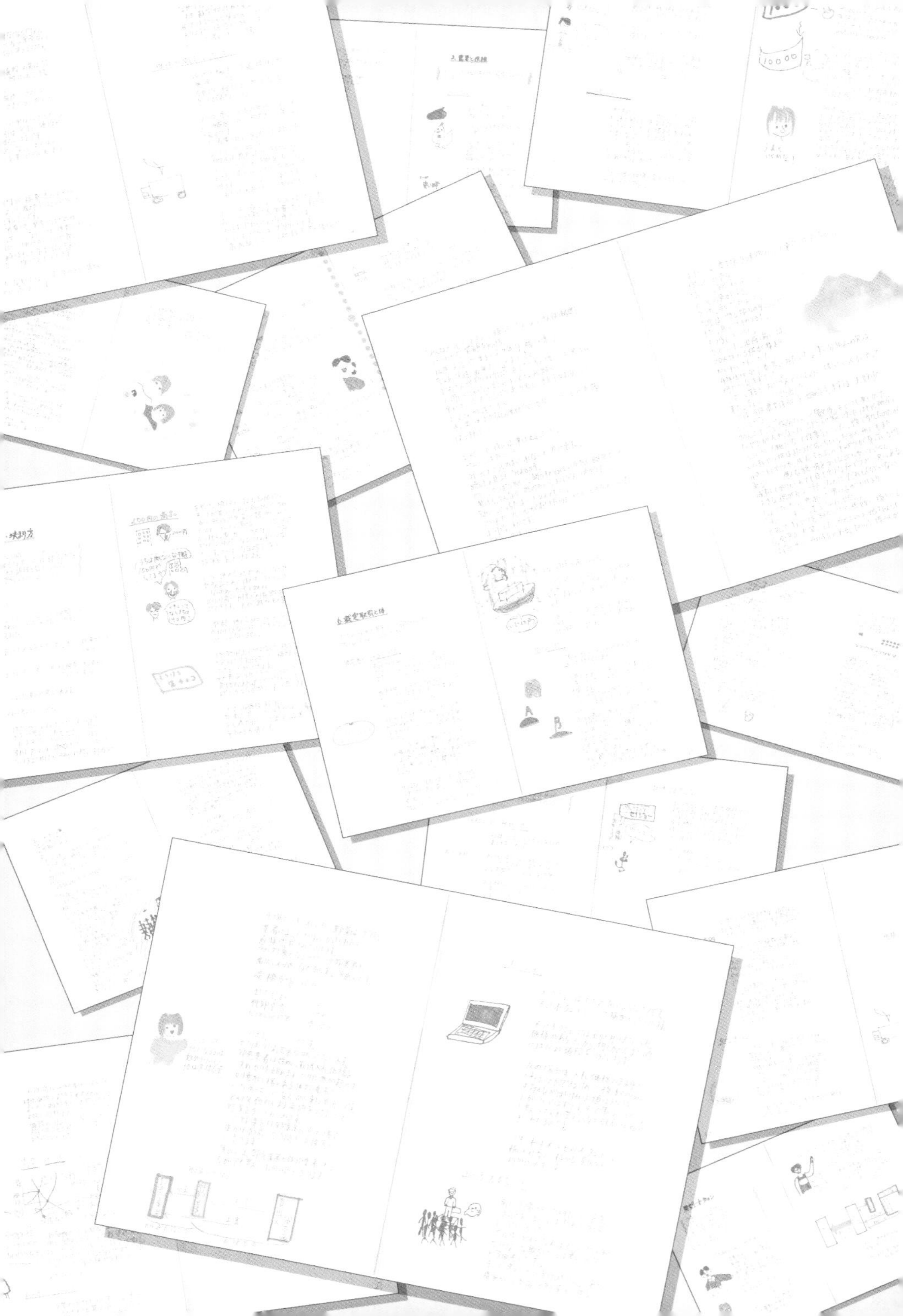

今日は家族で山登りに来ています
ハァハァハァ
9合目についたよ 休けいだね
そうだな ここからはきつくなるから休んでおこう
わーーっ!!
景色とってもきれいだね! 100万円級だよ!!
景色もだけど空気もすごいぞ

スーッ
ほんとだ！こっちも100万円級!!
そもそもこういうモノに値段ってあるのかな？
それを言うなら100…万ドルな
ないんじゃない？
だって私が言ったのは
このくらいすごいってことを表しただけだもん
そうだちょっと待って
だから…
この前嬬恋の農場に行った時にならったことだけど
モノは供給が多すぎるとドンドン値段が下がるんだよね
あそっか！
空気とかは十分にあるからどんどん値段が下がって…
というよりタダなんだね!!
吸い放題!!
こんな時にずいぶん難しそうな話だね…

Chapter 02

02 ゴミを捨てる値段

ゴミが増え続けています。

昔は、ゴミは自然の力で土の中に吸い込まれていき、植物の肥料になっていたのですが、20世紀に入って、「大量生産・大量消費・大量廃棄《はいき》が人間を幸せにする」という考え方が定着してきました。大量廃棄とは、ゴミが増えることです。

工業化のおかげで20世紀は「豊かな社会」となったのは確かです。ただし、自然の恵《めぐ》みである水や空気が汚され、大量のゴミを出すようになったのです。

ゴミを捨てるための値段は？

現在では家庭ゴミの回収を有料化している自治体（市区町村のこと）があります。空気や水を汚さずに、大量のゴミを燃やしたり、処理《しょり》したりするには費用がかかるからです。

例えば、プラスチックゴミをあちこちに捨てると海に流れ込み、深刻な海洋汚染《おせん》の原因になります。ゴミをほったらかしにすると、空気や水を汚すので、お金をかけて汚れを取り除く必要があります。だから、ゴミはタダではなく、ゴミを捨てても

ゴミの処理にはお金がかかる

らうための費用を支払わないといけないのです。

暮らしの中で出る生活ゴミを捨てるときに、自治体指定の有料のゴミ袋《ぶくろ》に入れることを義務づけられているのは、ゴミを有料化するためです。

今は家庭で毎日発生するプラスチックゴミの量が増え、海に流れ込んで海を汚したりしないよう、

粗大ごみの値段・東京都新宿区の例

※2020年5月現在

(高 → 安)

ステレオ（ミニコンポ以外／幅80cm以上）	2,000円
ソファ（3人掛け用）	2,000円
2段ベッド	2,000円
ランニングマシン	2,000円
オーブンレンジ（ガスオーブンレンジ）	1,200円
学習机	1,200円
鏡台（高さ70cm以上）	1,200円
こたつ（最長辺150cm以上）	1,200円
自転車（電動アシスト式）	1,200円
食器洗い機（食器洗い乾燥機）	1,200円
プリンター（高さ30cmを超えるもの／30kg以下）	1,200円
自転車（16インチ以上）	800円
電子レンジ	800円
オーブントースター	400円
温水洗浄便座（ウォシュレット、シャワートイレ）	400円
花瓶	400円
キーボード（パソコン用）	400円
ギター	400円
クリスマスツリー	400円
ごみ箱	400円
スーツケース	400円
炊飯器	400円
スノーボード	400円
掃除機	400円
ぬいぐるみ	400円

大量のプラスチックゴミを燃やさなければなりません。そのためには費用がかかります。集めたゴミを燃やすのは自治体の清掃局《せいそうきょく》です。普通《ふつう》のゴミを処理するための費用には、自治体の税金があてられています。

粗大《そだい》ゴミについても同じことが言えます。「家電リサイクル法」ができてからは、テレビ、エアコン、冷蔵庫、洗濯機《せんたくき》などはお金を払って電器店に引き取ってもらったり、回収業者に頼《たの》んで回収してもらったりしなければなりません。

それまでは粗大ゴミの日に捨てれば回収されていましたが、今はリサイクル料金と収集・運搬《うんぱん》料金を払う必要があります。

まだ使える部品をリサイクルすればゴミを減らすことができ、資源の有効利用にもつながるので、そのためにお金を払っているのです。

また、「PCリサイクルマーク」が付いているパソコンは、無料で回収してもらえますが、これはリサイクルのための料金がそもそものパソコン代に最初から上乗《うわの》せされているためです。

「ゴミを捨てる」という行動のように、市場（すべてのモノに価格が付いて取引される）の「外部」

資源の有効利用も大事

ゴミを捨てるのは「外部不経済」

での行動で、経済的な影響を及ぼす行動のことを「外部性」といいます。例えば、ある漁港の近くに化学工場が建設され、有害な廃液《はいえき》を海に垂れ流すようになったとします。

当然、その悪い影響は、漁港で近海漁業をする漁師たちに及《およ》びます。

化学工場の例は、漁師さんにマイナスの経済的影響を与えますから、外部不経済を及ぼしたといいます。

ゴミを捨てることは、もちろん外部不経済です。人や企業がさまざまな活動をすることにより、必ずゴミが出ます。ですが、費用をかけて自分でゴミを処理するのはいやだし、ほうっておいたら他人に迷惑《めいわく》をかけます。つまり、ゴミを捨てた人、または企業は、外部不経済を周囲の住民に与えることになります。

お金を払ってゴミの処分をお願いすることにすれば、外部不経済はなくなります。このことを、ゴミの処分を内部化するといいます。

ゴミの処分を「内部化する」

最後にもう一つ、大事なことがあります。普段の生活の中で頭に入れておきたいのは、「自分の時間の値段を知る」ということです。

例えば、ふたりの歌手がいたとします。ひとりは売れっ子で、もうひとりはそれほど人気がないとします。それぞれ、全国を回るようなライブツアーの移動について、どのような手段を選べばいいでしょうか。

売れっ子のライブには、たくさんのお客さんが来ますから、大きなホールを用意しなければなりません。それほどメジャーとは言えない歌手のライブには、お客さんもそんなに来ませんから、ホールは売れっ子の10分の1くらいの席数のところで十分です。もちろん、チケットの売り上げも、10倍以上の差があるでしょう。

売れっ子は、ライブのスケジュールがギッシリなので、移動は飛行機や新幹線、タクシーを使います。あまり人気のない歌手は、ライブのスケジュールもゆったりしていますから、電車やバス、またはマイクロバスで移動するのがふさわしいということになります。

ふたりの歌手は人気に大差があるので、お客さんの集まり方＝チケットの売り上げに大差が生じます。その結果、ふたりの歌手の時間の値段には、何倍もの差が出てしまうというわけです。

小学６年生の考えたこと＆思うこと
【時間の値段】

＝泉美智子　＝12歳の少女

私は子どもなので、仕事をする大人のように時間に追われることがあまりありません。でもやっぱり、テスト前は毎回、時間との戦いをしています。

テスト前はみんな時間が欲しいですもんね。時間との戦いには勝てますか？

けっこう負けます……。だから、時間が買えるのなら、私の少ないおこづかいをはたいてでも買いたい！！！　と思うことも少なくないです。

例えば、いくらぐらいなら払えますか？

１時間で１００円とか２００円とかなら……。でも、それもテスト前だけのことで、自分がのんびりするための時間になんて、お金を払おうとは思いません（充分休んでいると思うので）。

大人だったら休んだり、自由に使える時間を買いたいと思う人は多いでしょうね。

インターネットで見たのですが、「可処分時間（自由に使える時間）１時間に、どれだけの値段を払うかを会社員４００人に聞いた」結果が、平均で2,497円でした。かなり前の調査とはいえ、これにはけっこう驚きました。

※シチズン意識調査（1998年）

10時間買ったら約２万５千円。子どもにとっては大金ですね。

私から見ればもったいないです。試しに、親に聞いてみたらもっと払っても時間が欲しいかなと言っていました。大人の考え方は、やっぱり子どもとはちがうんですね……。

いろいろな大人の人に、この質問をしてみるとおもしろいかもしれませんね。

とにかく、多くの大人たちにとって、"Time is money!"（時は金なり）のようですね。私も、できるだけ有効に時間を使える大人になることを目標に、生きていきたいです。

今日は友達のはづきと
犬を飼っている友達の家に遊びに行きます
前に遊びに行ったときも
すんご——くかわいかったんだよ!!
いいな〜
あっいたいた!
おーい!
なつみー!!
やっほー
ふたりとも遠いところありがと
おまたせ!
きゃ〜さっそくだけどその子が…
ウフフ♪
かわいいでしょ
名前は「ペッツ」よ
ほ〜んとかわいいね〜
…これはクツ?
ワンちゃんなのにて…
夏は地面があついからそれはいて歩くのよ
へぇ〜

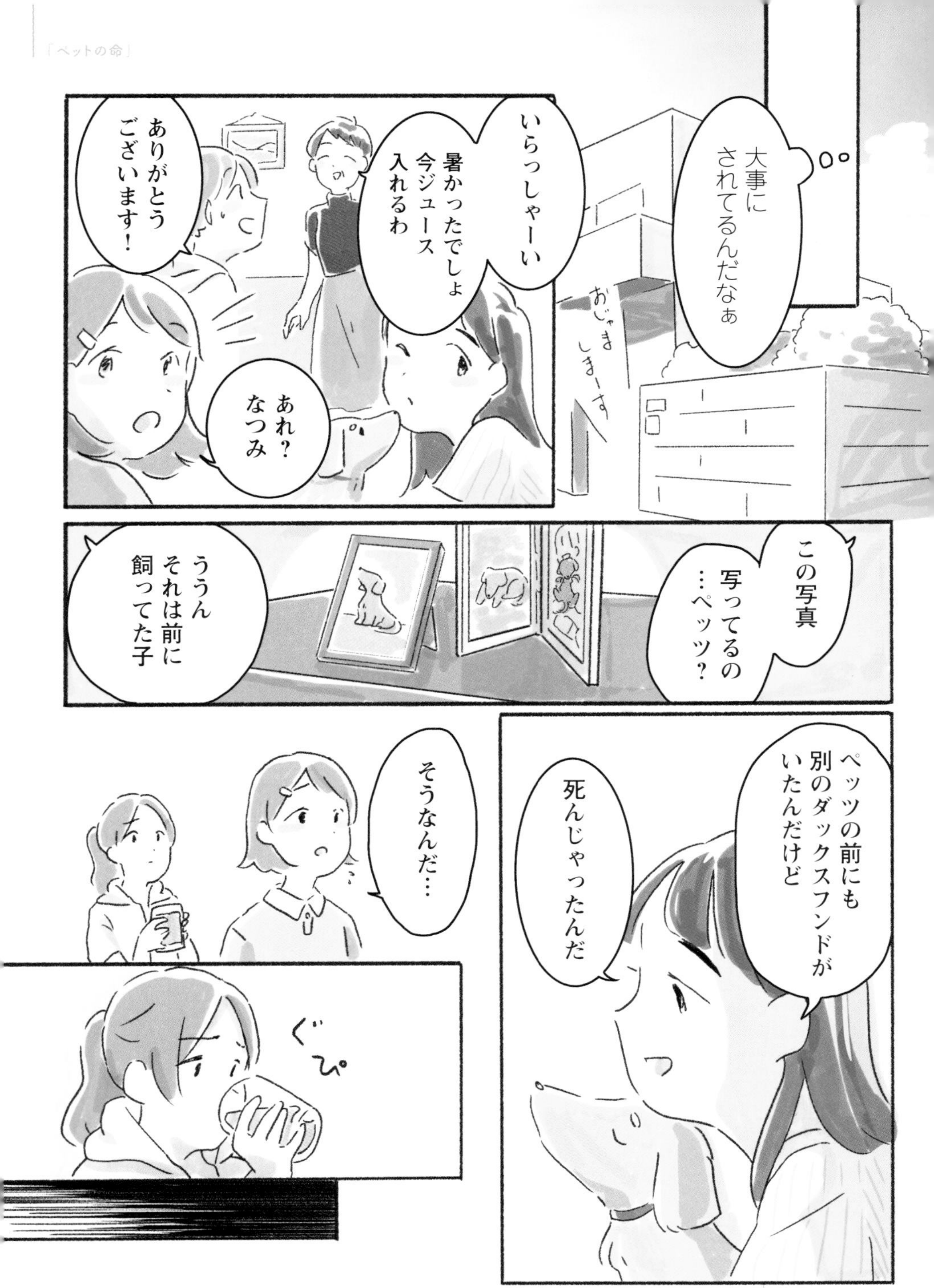
大事にされてるんだなぁ
おじゃましまーす
いらっしゃーい
暑かったでしょ今ジュース入れるわ
ありがとうございます！
あれ？なつみ
この写真写ってるの…ペッツ？
ううんそれは前に飼ってた子
ペッツの前にも別のダックスフンドがいたんだけど
死んじゃったんだ
そうなんだ…
ぐぴ

ペッツ かわいかったね〜!
そうだね…
なつみ 前にも犬 飼ってたんだ
私 知らなかった
え?
…あのさぁ アタシ前 ハムスター 飼ってたんだ
へぇ そうなんだ
今は?
あのね 死んじゃった
幼稚園のころ だったかな
アタシ 大泣きして
「ミニ ミニ」って呼ぶと いつでもこっちに 来たハムスターが
いくら呼んでも 小屋から出て こないんだもん
それまでは いくら他の人の 話を聞いたり しても
自分にも その時が…
別れの日が くるなんて 思わないんだ
……私 何かこわく なってきた
クレールは 大丈夫! 強い心 持ってるもん
でも 私は弱かったん だろうな——

仲の良かった友達と公園から帰ったときにね
うちのミニが死んじゃったって話したら
こう言われたんだ――
「でもあのハムスターセールで600円だったんでしょ？
そんなに高いのじゃないしまだよかったと思うよ」
「元気だして」
って…
でもそのとき思い出したんだ
ミニには値段がついて売られてたってこと
ポンポンって肩たたいてくれたその子の手
ふり払って走り出したよ
その一言《ひとこと》でアタシ…絶交!!って言って
もう許してあげられなかったの
グッ…

少ないお小遣《こづか》い貯めてペットショップ行って
ウキウキしながら買ったのがセールで格安のハムスター
でもアタシにとってミニは値段なんてない存在だった
きっと命に値段はつけられないんだよ
でもアタシね
家に帰っていっぱい泣いてやっとこう思えた
くよくよしててもなんにも変わらないって
いろんな本の主人公が浮かんできて
私もあの人みたいに強くなろうって考えたりして
一生懸命立ち直ったんだ
——はづきやなつみは

大切な命との別れを経験しているけど
私にはまだそのときが来ていない
いつかそうなったら
私はふたりみたいに受け入れられるのかな
できることならそんな思いは経験したくないけど…
ガチャ
ただいまー
シーン…
……あ 今日はみんな出かけてるんだった
とりあえずお母さんに帰ってきたこと連絡…
ん？ 留守電だ 誰だろう…
ピ
ピーーッ
もしもし 群馬の康《やすし》です
元気ですか？
おじさんだ！ なんか元気ない…？
え──…
今日の昼 ポチがたおれました
もう息がありません
また電話します
ガチャッ…
ツーッツーッツーッツーッ

「息がありません」
うそだ…
うそだ うそだ
うそだと 思いたい
でもこれは 真実なんだ
これを受け入れる 強い心が 必要だけど やっぱり私には ムリなのかな
だってまだポチが 生きてるような気が するんだもん
どうしよう どうしよう
そうだ お兄ちゃんにも 知らせないと
プルルルッ
ガチャ
もしもーし
もしもし お兄ちゃん？
クレールか どうした？
おじさんから 留守電が…
おじさん？ なんだって？
…どうしたんだ クレール 何か声が 変だけど
…… やっぱいいや なんでもない
早く帰って きてね

ガチャ
パチッ
クレール…
ハァァ…
おじさんに電話して聞いたよ
ポチのこと
私…だめかも
そんなこと言うなよ
でも…
別れはやってくるもんだ
でも…でもひどい！
そりゃ…ぼくだって悲しいよ!!

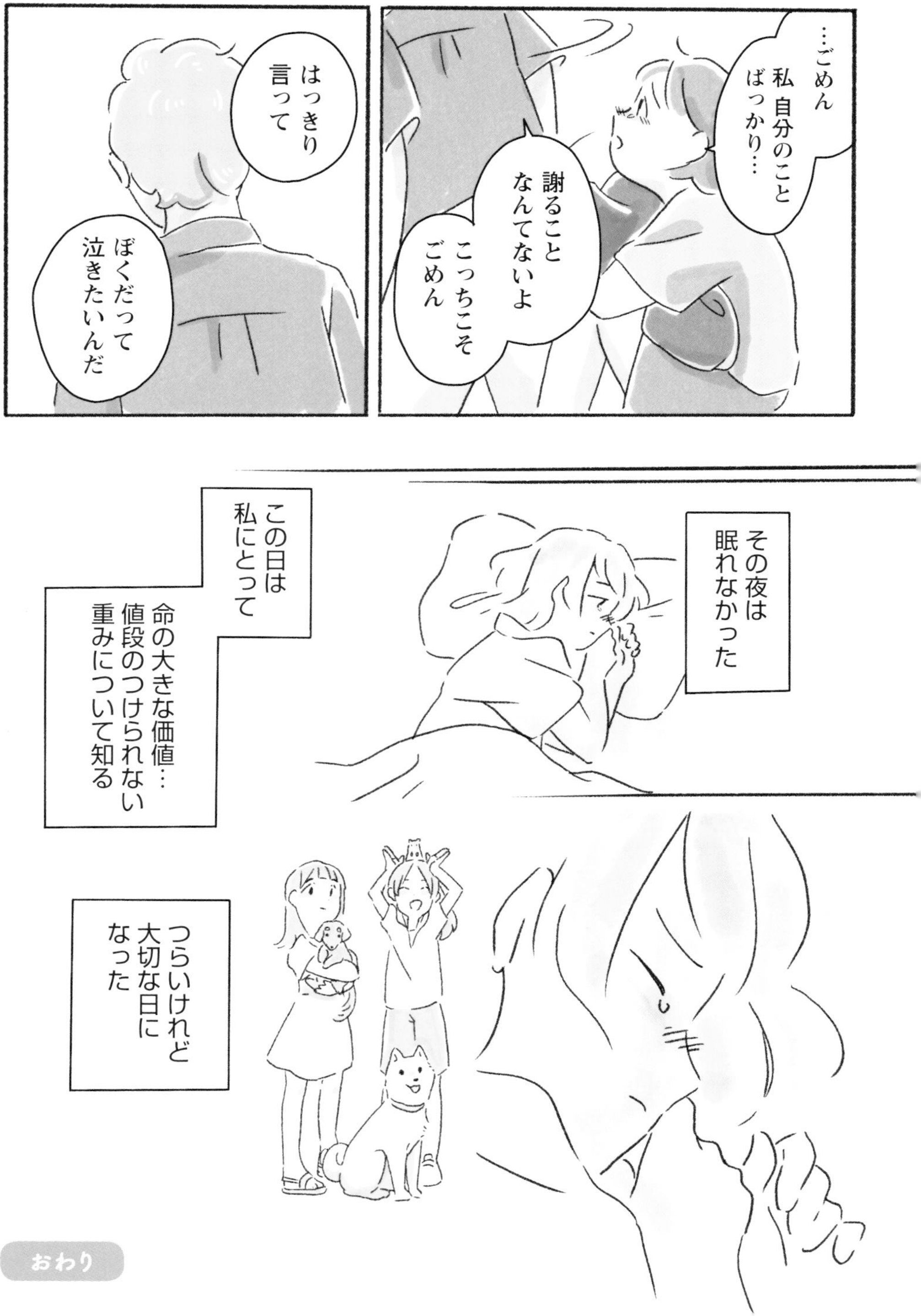
…ごめん 私自分のこと ばっかり…
謝ることなんてないよ
こっちこそごめん
はっきり言って
ぼくだって泣きたいんだ
その夜は眠れなかった
この日は私にとって
命の大きな価値… 値段のつけられない 重みについて知る
つらいけれど大切な日になった
おわり

Chapter 02
Part B

命の値段

値段のあるモノ、ないモノを考えていたとき、ふと頭によぎったのが命の値段です。命には、大きな価値があるはずです。でも、そんな大切な命に値段をつけるとしたら、どうなるでしょうか。

命に値段をつけるとしたら

人間ひとりひとりに命があります。10人集まれば、そこには10の命があります。誰かに、友人のA君とB君のどちらの命が大切ですかと尋《たず》ねたら、きっと、「どちらも大切です」と答えるでしょう。「どちらも大切だということは、A君の命とB君の命の値段が同じということですか」と尋ねたら、その人は戸惑《とまど》うかもしれません。「命に値段をつける」なんてことを、身近で考えたことがないからです。でも、世の中では、命に値段をつけることが、当たり前のように行われているのです。

その一つの例が、生命保険です。生命保険は、病気やケガをしたときにお金がもらえるものや、がんになったときのためのものなどいくつか種類があります。その中でも、「死亡保険」は契約した額の保険料を払っておけば、命を失ったときに、

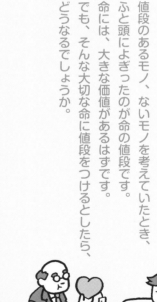

決められていた保険金が、指定しておいた受取人に支払われるというものです。つまり、そのときにもらえる保険金が1億円だとしたら、その1億円を「失われた命の値段」だと解釈《かいしゃく》することができます。

仮に毎月の保険料を2倍にしておけば、保険金は約2億円になるはずです。だとすれば、お金持ちの人は高い保険料を支払って、自分の命の値段をいくらでもつり上げることができてしまいます。これはあくまで保険金という点だけで命の値段を測《はか》った場合の話です。

もう一つの例は、交通事故で死亡したときの賠償金《ばいしょうきん》です。

死亡事故の賠償金は、

葬儀《そうぎ》費用
＋
慰謝料《いしゃりょう》
＋
生きていたら生涯《しょうがい》で稼げるはずだった利益（逸失《いっしつ》利益といいます）

の合計となります。慰謝料と逸失利益は目安となる基準にしたがって決められます。その額は収入や、養う家族の数、年齢などで変わりますが、だいたい2～3千万円が相場となっています。これら被害者《ひがいしゃ》に支払われる賠償金の金額は、被害者の「命の値段」ということになります。

損害賠償という制度を成り立たせるためには、このように単純な「命の値段」の計算法で決めるしかないのです。

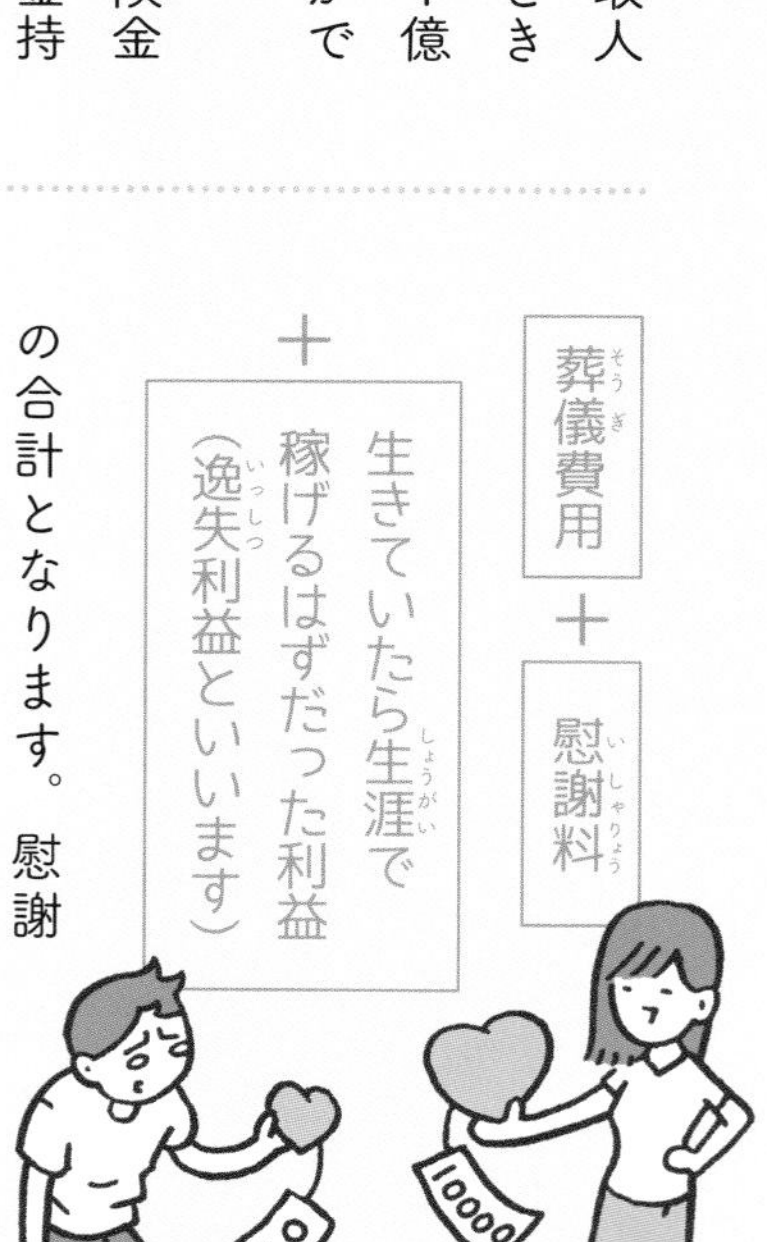

生命保険や賠償金の額は人それぞれ

小学6年生の考えたこと＆思うこと
【命の値段】

＝泉美智子　＝12歳の少女

命に値段をつけるなんて、ひどいことだなと思います。でも、もしもつけるとしたらどうなるんだろうと思い、興味を持ちました。

なにごとも気になったことを調べて、考えてみるのは大事なことです。

人間じゃない他の動物、例えばペットで考えると、売られているので値段がそのまま価値になりますね。

たしかに犬や猫、金魚のようなペットには値段がついていますね。

でも、捨て犬や捨て猫はどうなのでしょうか。タダなのでその命にはいっさい価値がない……なんて考えたくはないですが。

命の値段や価値というより、店で売られているペットはエサ代や維持費、ワクチンを打ったりと経費もかかりますから、その分、値段がついているともいえますね。

人間はどうかなと考えたときに、人身売買の話を思い出しました。恐ろしい話ですが、ペットと同じように、そのときの売買の値段がその人の価値になってしまうのかなと……。

昔は奴隷として人が売られていた時代もありました。近年では世界各地において、労働力という意味だけではなく、紛争や違法な臓器移植など、さまざまな理由による人身売買の問題が報じられています。もちろん、人身売買は違法行為ですし、あってはいけないことですが。

考えるのが難しいですが、動物も人も捨てられたり、値段をつけられて売られたりしたからといって、その値段がそのまま価値を表すとは思いたくありません。

そうですね。例えば、捨て猫を有難く拾ってかわいがる人、つまり価値を感じる人もいます。交通事故の賠償金で考えると、亡くなった方の遺族に「命の値段」としてお金が支払われますが、そのお金が亡くなった命と同等の価値と受け止める人もいないでしょう。

やっぱり、人の命に値段はつけられても、それがモノのように価値を表すとは言えないし、そもそも命に値段がつくこと自体に抵抗があります。生き物の尊厳に反する気がします。

はい、全ての生き物には値段のつけられない価値があるのだと思います。

Chapter 02
Part B

03 臓器の値段

臓器の価値とはなんなのだろう。
臓器は人間の生命を保つために、
それぞれが役割分担している命のパーツだと考えられます。
そんな臓器がお金の話と結びつくのは、「移植」があるからです。
臓器と値段の関係はどんなものでしょうか。

臓器の移植

腎臓《じんぞう》のように2つある臓器を例外にすれば、ほとんどの臓器は1つしかないので、生きている人間の体からその全部を取り出して他人に移植するわけにはいきません。生きている健康な人の体から移植する「生体腎臓移植《せいたいじんぞういしょく》」は実際に行われていますが、親族か配偶者《はいぐうしゃ》がドナー（提供者）となる場合がほとんどです。

日本ではもともと、心臓停止《しんぞうていし》後の腎臓の移植だけが行われていましたが、1997年に臓器移植法が制定されました。ドナーとなる本人が医者から脳死判定（脳死をもって死とみなす判断）を受けたとき、家族が承諾《しょうだく》をすれば、腎

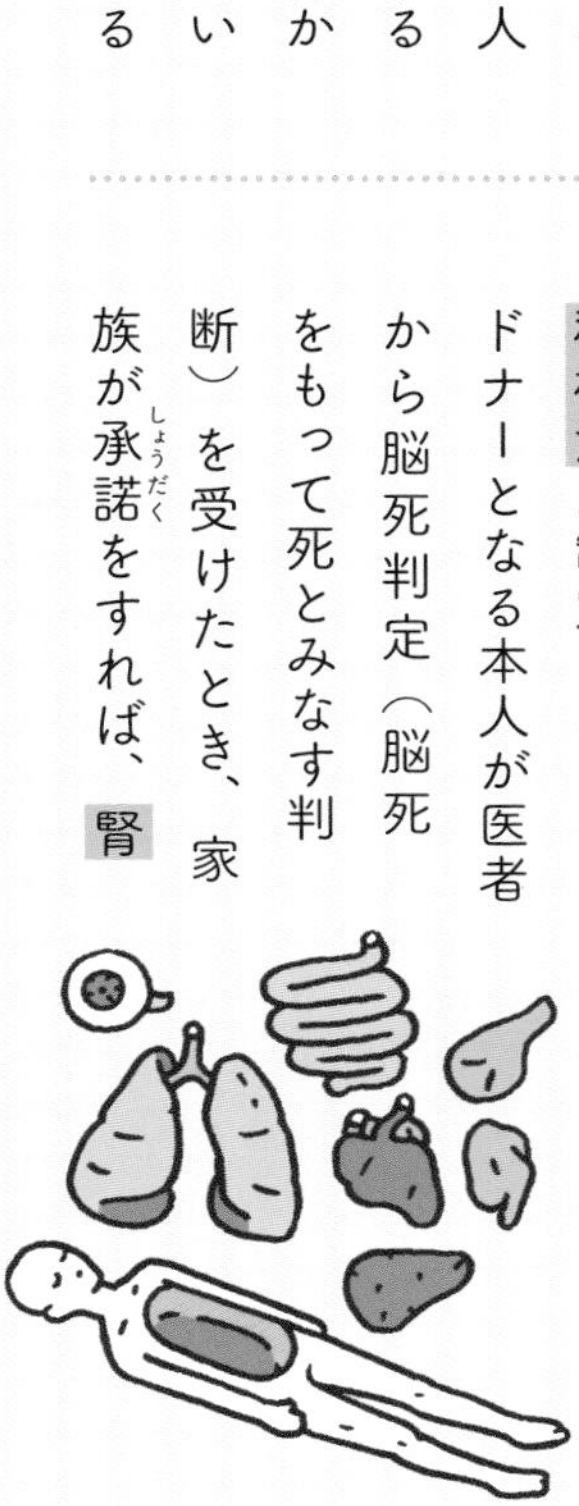

臓だけでなく心臓や肝臓など他の臓器も含《ふく》めて移植できるようになりました。その臓器は、移植用の臓器の順番待ちをしていた人に提供されます。

ですが、前提として、ドナーとなる本人が「自分が事故死または病死した際に、移植用に自分のすべての臓器を提供する」意思を書面で表示しておく必要がありました。

臓器移植法は2010年に改正されて、脳死での臓器提供には本人の意思表示がなかった場合でも、家族の同意があればできるようになりました。日本ではこのように、以前よりも臓器移植の例は増えています。移植される臓器は善意で提供されるのであり、臓器そのものに値段がついて売られているわけではありません。移植手術を受ける人も、臓器そのものに対しての代金を払うことはありません。

臓器の市場・ブラックマーケット

ですが、臓器に値段がつく場合があります。臓器売買です。臓器はそもそも、需要（移植希望者）に対し、供給（提供者）が少なく、希少なものです。そのため、世界のいろいろな地域で、臓器を売って大金を稼ぐブラックマーケットがあるとされ、貧しい家庭の子どもたちの臓器が犠牲《ぎせい》になっていると言われています。

日本でも過去に違法な臓器売買の実態が明らかになったことがあり、遠い世界の話ではないのです。

また、イランは臓器売買を合法にしている、世界でも珍しい国です。ここでは臓器に対して値段がつけられています。臓器を売る人の多くは貧しい家庭の人たちや、仕事に困った人たちで、生活のために売っているようです。

外国と比べると、日本はドナーの人数が極端《きょくたん》に少なく、移植を希望しても臓器をもらえるまでに数年かかるケースもあります。その理由は脳死を死とは認めない、心臓が止まるのが死だという考え方が根強いからです。

そのため、ドナーの多いアメリカに渡って、移植の順番待ちをする人も少なくありません。ですが、医療費《いりょうひ》が日本よりもはるかに高いのです。アメリカの高い手術料、待機のための長期入院費、家族の生活費などを合わせれば、臓器移植の値段、つまり「臓器の値段」の見当がつくでしょう。

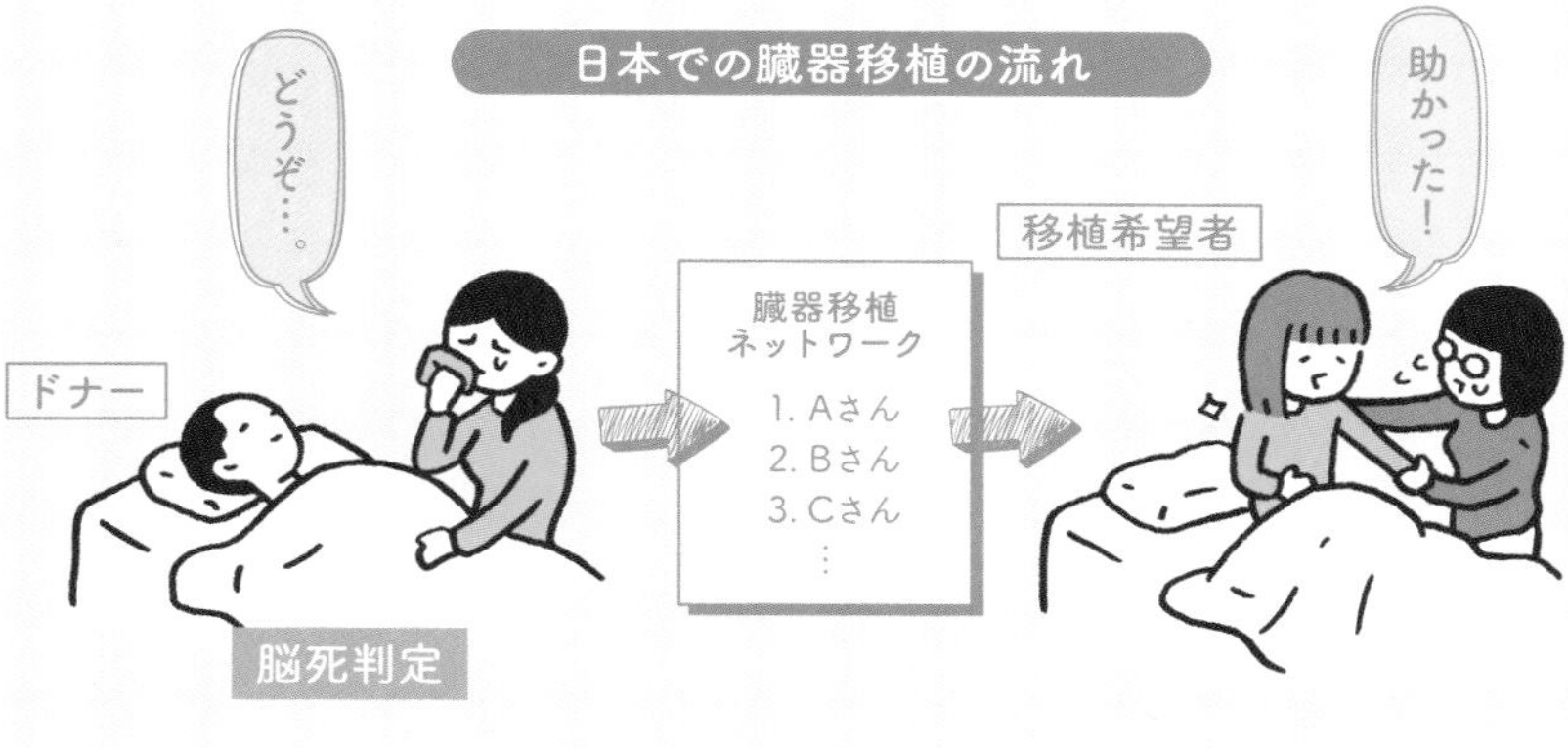
日本での臓器移植の流れ
どうぞ…。
ドナー
脳死判定
臓器移植
ネットワーク
1. Aさん
2. Bさん
3. Cさん
…
移植希望者
助かった!

希望者に対して臓器が足りない
移植希望者
待てない…
海外なら…

小学6年生の考えたこと&思うこと
【臓器の値段】

=泉美智子　=12歳の少女

臓器は人が生きるうえで必要なモノであり、命のパーツです。でも、その臓器が違法に売買されている国もあると聞きます。

命の一部に値段がつけられて、闇で取引されているという話はありますね。

恐ろしい世界ですが、それで助かる命もあるのだと考えると……複雑です。でも、やっぱり本当の話だとしたら、生きている人の臓器を売るのは信じられません。命の一部を強制的に奪って、お金でやりとりすることが良いとは思えないです。

臓器移植には国によってさまざまな考え方や決まりがあります。違法に行われているものはもちろんいけませんが、どれが良い、どれが悪いとは一概に言えないですね。命にかかわる問題の難しさと言えます。

日本で待っていても臓器が手に入らないために、アメリカに渡って移植手術をした話を聞いたことがあります。何億円もかかるので、募金を集めても全然足りないとか……。

命を救うためには大金が必要な場合もある、返せないくらいの借金をしてでも救いたいのが命ですね。

違法なブラックマーケットで臓器が取引されているとか、発展途上国の子どもの臓器が犠牲になっているとか、命や臓器の値段について調べてみると値段のことだけでなくて他にも気になる問題が出てきました。

日本では今は保険証や免許証、マイナンバーカードなどで自分の臓器提供についての意思表示をすることができますね。

私が脳死状態になったとしても、他の人に臓器を提供することには抵抗があります……。情けないけれど、素直な自分の気持ちです。他の人の中で自分の臓器だけ生き続けるのがこわいというか……。

これからもこの問題について気にして生きていれば、大人になったときに考えが変わってくることもあるかもしれませんね。

はい、みんなが進んで提供し、少しでも多くの命を助けることができるようになるといいだろうなと思います。

パートC

世界の物価

原案となった
レポートの一部

コラム③

1日1ドル以下で生活している途上国の子どもたち

【チョコレートから見るお金のしくみ】

文 泉美智子

世界の物価を調べると、その国の経済力の違いも見えてきます。国や地域によって貧しさは異なります。

フェアトレードという言葉があります。「フェア」は公正を意味する英語であり、「トレード」は取引・交換《こうかん》・貿易などを意味します。フェアトレードとは、発展途上国の原料や生産者がつくるモノの貿易が、正当な値段で持続的に行われることを意味します。一方で、政府開発援助《えんじょ》（ODA）という言葉があり、先進国の政府が途上国の政府に資金を贈与《ぞうよ》したり、低利で融資《ゆうし》したりすることを意味します。政府から政府への支援《しえん》ではなく、先進国の民間企業が途上国の製品を応《おう》分《ぶん》の価格で輸入し、途上国の生産者や労働者の生活を支え、自立を支援するのがフェアトレードです。

私たちが買っている身の回りのモノの多くは、普段あまり意識しませんが、途上国の人々の労働と生産工程を経て、私たちの手元に届くのです。しかし、その裏側には、生きてゆくのが精一杯なほどの低賃金で働く労働者が多数います。少しでも家庭の収入を増やすべく、幼少の頃から長時間労働に従事し、義務教育を受ける機会を奪われる、気の毒な子どもたちが、私たちの生活に欠かせないモノをつくってくれているのです。

カカオ農家の貧困問題

チョコレートを買うとき、あなたは何を基準にして選択しますか。価格、パッケージ、味、メーカーなど、人さまざまでしょうね。

チョコレートの原料はカカオ豆です。カカオの70％が西アフリカ地域で生産されています。カカオの生産量が世界第1位と第2位のコートジボワールとガーナで起きていることを紹介しましょう。

カカオ生産地域でカカオを栽培しているのは、家族単位の小さな農家がほとんどです。小規模農家は、労働者を雇《やと》うことができないため、得がたいタダの労働力として子どもたちに頼っているのです。それでも足りない労働力の供給源として、カカオ農家よりはもっと貧しい他人の子どもを、わずかなお金を支払ってもらい受け、三度の食事を食べさせるだけで、給料などは支払うことなく、重労働を押し付けているのです。これは人身売買であり、ガー

カカオ農園で働く少年（ガーナ）
©ACE

ナやコートジボワールの法律で禁じられてはいるのですが、生活苦《せいかつく》にさいなまれる極貧《ごくひん》の家庭にとって、カカオ農家に子どもを売る以外に、生活費を確保する手段《しゅだん》が見当たらないのです。カカオ農園で働く子どもたちは甘くておいしいチョコレートの味を知りません。カカオがフェアトレードされることが、カカオ農家で働く子どもたちに、栄養価の高いおいしい食事を食べさせてあげるためにも、必要不可欠な条件なのです。

第2次大戦が終わって数年後に、コートジボワールはフランスから、ガーナはイギリスから独立しました。これら2つの国に限らず、アフリカのほとんどの国はヨーロッパ諸国の植民地でした。独立してからも、アフリカの国々は貧困のどん底にありました。フェアトレードという考え方が生まれたのも、植民地時代に犯した人種差別に由来する原罪《げんざい》を晴らそうという、ヨーロッパ諸国の人々の意図を反映したものです。

1990年代以降、グローバリゼーション（あらゆるものが地球規模化する）が進展し、さまざまな問題を考えるにあたっても、地球全体を視野に入れる必要があります。チョコレートを食べながら、カカオ豆の産地・西アフリカでの児童労働について思いやるだけの、地球規模の視野の広さを、私たちは失ってはならないと思います。

バレンタインデーにチョコレートを男性にプレゼントする際に、おくる側の女性も、もらう側の男性も、フェエアトレードとカカオ農家の貧困、そして重労働にさいなまれる西アフリカの子どもたちのことを思い起こしてもらいたいですね。

3章

労働の値段

とある日の神楽家——
シュンシュンシュン
カチッ
パタパタパタ
ピ
ゴウン… ゴウン…
ピピピピピピピ
ぴ
うん
オッケー！
ふたりともー これそっち 持ってってー
はーい
よいしょ
ほーんと いそがしいわ
パパ家事全部 代わってくれない？
えっ
いいよ
絶対よくない…
思い出される父の家事レベル
洗濯
ブク
ブク
料理
グチャァ
洗い物
あ〜

ででもさっ
ほら お母さんの料理 すっごく おいしいから
これが 食べられなく なるなんて 考えられないよ
あら〜 そう？
そう言われたら しょうがないわね
セーフ
あ〜あ
家事でお金 もらえたら 良いのにな−
それって どれくらい？
1ヶ月 (30日)
120 時間＝
家事
家事
家事
そうね〜
1日4時間として 1ヶ月120時間
時給はじゃあ 1500円！
ってことは…
ガタッ
せめてお皿は 下げまーす
18万円!!

おわり

Chapter 03

01 家事労働の値段

家の誰かがやらなければいけない家事。
大変で面倒くさいわりに、給料（対価）はもらえません。
家庭内のことだから当たり前だと思う人もいるかもしれませんが、
なんだか不公平な気がします。
家の外（会社）で「働く」ことと、家の中で「働く」ことは
そんなにちがうのだろうか……。

家事労働の価値とは？

家族がする家事労働は、タダで行われています。でも、お母さん、もしくはお父さんが家事をやればタダだけれど、お手伝いさんに掃除《そうじ》をしてもらったり、保育士《ほいくし》さんに育児をしてもらったりすると、給料としてのお金を支払わなければなりません。

だったら、家事にも値段がついているはずですよね。それにもかかわらず、家族の誰かがやっても、とくにお金をもらうことはありません。

日本の男性が家事・育児に使う時間の平均は1日83分で、他の先進国と比べて低水準（2016年総務省調べ）

もしも家事をする人がいなかったら、どうなるでしょう。食事はコンビニやスーパーでお弁当を買うか、外食するしかありません。洗濯《せんたく》はクリーニング屋さん……と考えると、ずいぶんとお金がかかりそうです。つまり、家事はタダであるにもかかわらず、家族の誰かがやめてしまうと、ずいぶんとお金がかかるのです。

「家事労働はタダではない」という考えがあります。内閣府《ないかくふ》が「無償労働《むしょうろうどう》の貨幣評価《かへいひょうか》」という調査をしていますが、その中には家事も含まれていて、値段がつけられているのです。推定《すいてい》の方法は、家事に費やす時間を調査し、その時間に時給をかけて算出しています。

2018年の調べでは、家事の時給は1450円とされています。この額は、機会費用という考え方を使って決められています。もし、家事がなければ外で仕事をして働けるはずで、その場合に稼げるはずの賃金を家事の時給としています。世の中の平均時給が上がれば上がるほど家事の時給も上がり、逆に下がれば下がるほど、同じように下がるというしくみです。

女性が1年間で家事に使う時間は2016年の平均で1313時間なので、それに時給をかけると、年収は約190万円となります。仮に専業主婦で1日10時間家事をしている人の場合、年間で3650時間なので、

時給1450円 × 3650時間

＝ 529万2千5百円

の年収の人と同じくらいの価値の仕事をしているということになります。

また、「代替費用法《だいたいひようほう》」（ＲＣ－Ｇ法）という別の計算の仕方もあります。これは掃除や洗濯を自分でしないで代行《だいこう》サービスに頼んだり、子どもの面倒をベビーシッターにお願いしたりしたときに、代わりにやってくれる人の賃金はいくらなのかを計算するという考え方です。

この他にも家事の値段を計算する方法はあります。家事の価値を知ってもらうために、いろいろな考え方があるのです。

家事はシャドウ・ワーク

家事のように、本当は社会的に必要な労働なのに、お金が支払われない（タダの）労働のことを、イヴァン・イリイチというオーストリアの哲学者が「シャドウ・ワーク」（影の労働）と名づけました。

シャドウ・ワークには、家事だけでなく奉仕活動（ボランティア）や通勤など、市場で取引されない労働が含まれます。ボランティアに給料を支払わないのは、ボランティアが奉仕活動をすることに生き

がいを感じており、お金をもらうために奉仕活動をするわけではないからです。

もともとシャドウ・ワーカー（影の労働者）は、お金のために働くわけではなく、特定の個人、団体、会社のために働くわけでもありません。たとえば、災害にあって苦しんでいる人を助けるためにみずから進んで働くのです。求人に応募して災害救助の仕事をする人は、シャドウ・ワーカーではありません。求人に応募《おうぼ》して採用されたわけですから、給料をもらいますよね。つまり、市場での取引を経て働いているのですから、シャドウ・ワーカーとはいえません。

家事労働は、価値のある労働です。その労働の恩恵《おんけい》を受けるのは、家族全員です。家族の誰かがやってくれている家事は、私たちが生活するのに、とても大事な役目を果たしてくれています。

ボランティアが自分の時間を犠牲にして社会に奉仕するのと同じく、家事をする人は家族のために、毎日大変な無償労働をしてくれているのだと思います。このシャドウ・ワークの考え方は、現在、賃金や報酬《ほうしゅう》が正当に支払われていない労働や活動にまで広がり、「アンペイドワーク」（＝無償《むしょう》労働）と呼ばれることもあります。

小学6年生の考えたこと&思うこと
【家事労働の値段】

=泉美智子

=12歳の少女

家事は大変なのに給料がありません。家の中のことなので当たり前と言えば当たり前なのかもしれませんが、かなりの労働ですよね。

家事は「無償労働」に分類されますが、欧米ではそれがお金の価値にしてどれくらいなのかを推計する試みが以前から行われていますね。日本でもいくつかの方法を用いて計算しています。

家事はタダ働きじゃないと思う人が増えると良いですね。家事を誰もしなければ生活が成り立たないので。

それだけに家事をする側も、してもらっている側も、「これで稼いでいる」とは言わないまでも、会社で働くのと同じように価値のあることだと理解する人が増えれば、「やってくれて当たり前」という意識はうすれて行くのだと思います。当たり前という気持ちじゃなくて、「ありがとう」という言葉で伝えるのも、一つの対価ですよね。

家事は家族の一員としての大事な仕事ですし、家族のためにという気持ちを表す、大事な作業という意味もある気がします。

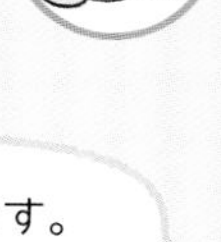

家事は多くのことを学べる場でもあります。授業料を払わず学べるチャンスなので、たくさんお手伝いをしましょう。

02 世界の給料

大人になると、ほとんどの人は仕事をし、給料をもらい、生活をしています。ですが、国や地域によって、同じ労働をしても給料はちがいます。いったいどれくらいちがうのでしょうか。

世界の給料のちがい

OECD（経済協力開発機構）が加盟国35か国の最低賃金というものを公表しています。2018年のデータによると、一番高いのはオーストラリアで日本円にして時給約1331円です。日本は約891円で11位、最下位のメキシコは約121円です。

日本は先進国の中では一番低い方ですが、アジアの中では最も高くなっています。ただし、国によって物価や生活にかかるお金がちがったり、健康保険、教育にかかる費用、税金などもちがうため、単純に比較して「オーストラリアは時給が高いからいい国だ」、「メキシコは時給が低いからみんな貧しい」とはなりません。

今はグローバル化されて、低コストの国に工場を移す企業がたくさんあります。例えば洋服の会社が日本とメキシコのどちらにも工場を持っているとします。日本人とメキシコ人の能力が全く同じだとして、一人1時間でTシャツ1枚を作れるとします。その場合、日本では891円の人件費でTシャツ1枚ができ、メキシコでは121円でできてしまいます。7倍以上の差があるので、大量に作れば輸送費がかかってもメキシコで作った方が安いということになります。

ビッグマックでわかる世界の給料

他にも、「ビッグマック1コを買うのに何分働けば良いか」という数字をもとに、国による賃金の違いを比べるという調査もあります。なぜビッグマックなのかというと、世界中ほぼ同じような品質、同じようなサイズで売られているので、比べやすいからです。2013年の調査では、オーストラリアで18分、東京は25分です。アフリカのシエラレオネでは136時間も働かなければビッグマックが食べられません。

ただ、これも材料の値段がちがったり、消費税が国によってちがうので、一つの目安と考えなければいけません。

OECD加盟国の最低賃金ランキング（2018年）

1位	オーストラリア	約 1,331 円
2位	ルクセンブルク	約 1,298 円
3位	フランス	約 1,265 円
4位	ドイツ	約 1,199 円
5位	オランダ	約 1,144 円
11位	日本	約 891 円
12位	韓国	約 869 円
34位	ブラジル	約 242 円
35位	メキシコ	約 121 円

※1ドル110円として時給換算
※OECD調べ

ビッグマック1個を買うのに必要な労働時間

オーストラリア	18 分
フランス	22 分
ニュージーランド	22 分
日本（東京）	25 分
インド	6 時間
シエラレオネ	136 時間

※2013年UBS銀行調べ

小学６年生の考えたこと＆思うこと
【世界の給料】

＝泉美智子　＝12歳の少女

単純に比べてはいけないですが、国によって賃金の差はすごくありますね。

例えば最低賃金が一番高いオーストラリアですが、物価や家賃も高いため生活費がかかり、給料をたくさんもらえますが、使うお金も多いのです。

それなら、あまりうらやましくもないですね。

ビッグマックで見る場合、ファストフード業界の競争が激しい国ではそれだけ価格も安くなる傾向があることも考慮すべきポイントです。

スターバックスの値段で比較する「トール・ラテ指数」やアイフォーン１台の値段で比べる「iPhone 指数」というのもあるようです。

iPhone 指数では、東京は約40時間と少なめですが、ウクライナでは約627時間も働く必要があるので、なかなか買えないのだと想像できますね。

国によってはとても高級品になることもある、ということですね。

はい。ですが、あくまで一つの指標と覚えておきましょう。

※「iPhone指数」＝UBS「価格と収入調査2015年度版」より

コラム④

安いものには裏がある

【ファストファッションから見るお金のしくみ】

文　泉美智子

日本には働く人の権利を守る法律があります。そこで働いた対価として、雇い主は、賃金を支払う義務があります。その条件が極めて過酷《かこく》で、かつ、安い賃金で縫製《ほうせい》労働を強いられている国で、私たちもよく知っているお店の服を作っていたことを知っていましたか？

給料日の週末には、お気に入りの服、そして流行の服を買いに行くのを楽しみのひとつにしている人が少なくありません。ちなみに服より、化粧品《けしょうひん》より、旅にお金を使う私でも、たまには服を買い求めます。

予算が気になるところですが、ここ十数年の間に、最新の流行を取り入れた、品質も悪くない衣料品を、手ごろな値段で売っているお店が、次つぎと登場してきています。

20世紀のころ、日本人は欧米のブランドものへの憧《あこが》れが強く、１９８６年から90年にかけてのバブル経済期には、ヨーロッパ旅行が大流行し、ブランドものの洋服、バッグ、靴《くつ》などでスーツケースをいっぱいにして帰国する人が大勢いました。

21世紀に入ってまもなく、ファストファッションと呼ばれる荒波が、洋服業界に押し寄せました。ファストファッションとは「最新の流行を採《と》り入れつつ低価格に抑《おさ》えた衣料品を、短いサイクルで世界的に大量生産・販売する」メーカーのことを意味します。今では、街中を歩いている人の半数が、ファストファッションを身に着けているといっても過言ではありません。

なぜファストファッションが、遠目にはブランドものと見分けがつかないような衣料品を提供できるのでしょうか。

中国、ベトナム、バングラデシュなどに生産拠点《きょてん》を移し、そこで、安い労働力をつかって大量生産し、ブランドものよりは圧倒的《あっとうてき》に安いにもかかわらず、傍目《はため》にはブランドものとほとんど変わらない衣料品を販売することが、ファストファッションの秘訣《ひけつ》なのです。大量生産した衣料品が大量消費されるからこそ、ファストファッションが成功したのです。

発展途上国の労働者の人権を重んじ、応分の給与を支払っておれば何の問題もないのですが、ともすれば利益のみを追求しがちな企業にとっては、人権無視の長時間労働を強制《きょうせい》したりしがちです。

次ページの写真は2013年4月24日朝9時、バングラデシュの首都ダッカで起こった8階建てビルの倒壊《とうかい》事故の様子です。これは地震《じしん》ではありません。

ラナ・プラザという8階建ての商業ビル。中には服の縫製工場が入っていて、そこで働く

１１００人以上の死者、２５００人以上の負傷者をだす大惨事《だいさんじ》となりました。犠牲《ぎせい》になった人の多くは若い女性たちでした。建物の壁の大きな亀裂《きれつ》を理由に工場に入ることに抵抗していた労働者たちに対して、労働監督者は「働かないと給料を払わない」と強制的に工場に入らせたのです。その工場で働いていて亡くなった人たちの月給は、毎日働いて、たったの３９００円。バングラデシュは、一日２ドル以下で暮らす貧困層が８割近くを占める、アジアの最貧国の一つです。

ラナ・プラザの縫製工場は、バングラデシュでも、とりわけ低賃金で女子労働者を雇用していたのです。そこで作っていたのは、誰もがご存じのはずの有名メーカーのブランド服だったのです。２０１３年のビル倒壊事故により、そのメーカーがバングラデシュの劣悪《れつあく》な労働環境と低賃金に依存して、暴利《ぼうり》をむさぼっていることが明らかになりました。当然、そのメーカーは消費者の不買運動に遭《あ》いました。

私たち消費者が絶えず監視《かんし》の目を光らせていることこそが、そうした「搾取《さくしゅ》」という悪《あ》しき商習慣《しょうしゅうかん》を根絶《こんぜつ》するための決め手となるのです。

8階建てビルの倒壊事故（2013年バングラデシュのダッカ）

4
章

売る側から

広告、宣伝、非価格競争

マホのアプリにはスーパーやファストフード店で割引が受けられるクーポンがたくさんあります。お店はそのようなサービスをして、損をしないのでしょうか。

配られたティッシュには、商品の宣伝やお店の広告がのっています。それを見てお客さんが増えれば、お店としては良いのです。つまり、ティッシュを配るという宣伝のやり方は、お店側がうまく考えたしかけなのです。

宣伝にお金をかけて、お客さんが増えれば、お店の売り上げが増えて、宣伝にかけたお金を取り戻すことができます。

クーポンも同じで、他のモノも一緒に買ったり、一緒に行った人が別の買い物をしたりするので、お店としては損はしないのです。

新しい広告のかたち

広告の形は日々変化しているといえます。ひとりひとりがブログやSNSで情報発信をできる時代となり、有名人やインフルエンサーと呼ばれる影響力のある人たち（インスタグラマー、ユーチューバーなど）が商品を紹介することで儲《もう》けを得ているのも、広告料の受け取り方です。宣伝をしたい会社やお店がインフルエンサーにお金を払って頼む場合もあります。ユーチューバーの収入のおおかたは動画の前後や途中に流れる広告から得ています。

発信力のある人であれば、お金を受け取っていなくても、ゲームや食べ物の画像をツイッターやインスタグラムで見せるだけで話題を呼び、勝手に宣伝になっている、という話もたくさんあります。

もちろんこんな時代だからこそ、アナログで素敵な広告もあります。例えば受験生には今でも、ペンや赤シートの入った塾《じゅく》のチラシが配られています。

インターネットや携帯電話、スマートフォンが広まって新しい形の広告が増えているように、将来には予想もつかない広告が生まれているかもしれません。

SNSが広告になる

非価格競争ってなに？

次に、非価格競争について、考えてみましょう。お店も会社も、市場で競争するのですが、競争の勝ち負けの決め手の一つが、商品の価格（＝値段）です。たとえば、お母さんがトマトを買いに商店街に出かけました。最初にのぞいた八百屋さんＡではトマト1個に105円の値札がついていました。少し離れたところにある、もう一軒の八百屋さんＢでは同じくらいの大きさのトマト1個に120円の値札がついていました。お母さんは、当然、最初の八百屋さんにもどって、トマトを買うでしょう。これは価格競争です。

ところが、「Ｂ店のトマトは少し高いだけあって、だんぜんおいしいよ」という評判が聞こえてきました。トマトの味の良し悪し、**つまり、品質という価格以外の要素が、買う側の人の選択の決め手の一つとなったのです。**

野菜や果物をはじめとする食べ物の品質は、味の良し悪し、新鮮さなどです。健康に良いかどうかを決め手とする人もいます。

同じように、鉛筆など文房具にも、品質の差があります。非価格競争の決め手となるのは、品質だけではなく、買い手の好き嫌いもあります。例えばペンケースは、デザインや形の好みは人それぞれです。また、「流行」がどれだけおさえられているかというところも、非価格競争を考えるときの大事なポイントのひとつです。

価格以外にも決め手がある

価格以外の要素とは

冷蔵庫、洗濯機、掃除機などで考えると、品質、機能、デザイン、アフター・サービスなど、価格以外の多くの要素が、買い手の選択の決め手となります。

他社の製品には備わっていない機能をもつA社の冷蔵庫があるとします。その分、値段は高かったとしても、それは当然だと考えて、A社の冷蔵庫を買う人が多ければ、**A社は非価格競争に勝った**ということになります。

モノを買うお客さんは、値段だけではなく、品質もよく見て、どの商品を買うのかを決めているのです。それを非価格競争といいます。

小学６年生の考えたこと＆思うこと
【広告、宣伝、非価格競争】

＝泉美智子　＝12歳の少女

広告っていろいろな形があっておもしろいですね。

そうですね。家の中ではテレビや雑誌、スマホのアプリやユーチューブなどで広告が出てきますし、外に出ると街のいろいろなところに広告はあります。

人の目で見えるところにはどこにでもありそう。

広告は多くの人に見られてこそなので、そのとおりかもしれません。以前はティッシュがよく配られていましたが、今は減って、インターネット広告が増えていますね。

見ている動画やサイトに合わせた広告が勝手に出るので、効果が高そうです。

最近ではタクシーについているタブレット端末が自動でお客さんの顔認証をし、男性か女性かを識別して広告を流すという仕組みもあり、よりターゲットを意識した新しい形の広告がどんどん増えていますね。

未来にはどんな広告があるのか楽しみです。

コラム⑤

E《イー》コマース

【電子商取引から見るお金のしくみ】

文 泉美智子

インターネット人口が大幅に増え、ネットショッピングが拡大してきて、販売や買い物の仕方が多様になってきました。そのせいもあって、全国各地の書店の数が以前と比べて減っています。お客さんの数が減って、経営を維持できなくなったからです。調べたいことがあったとしても、本を読まなくてもインターネットで簡単に調べがつきます。電子書籍の普及もあり、紙の本や雑誌の売上が全体的に減っていることも理由の一つです。しかし、電子商取引《でんししょうとりひき》（E《イー》C《コマース》）サイトにアクセスして本を買う人が多くなったことが、書店を苦しめている大きな理由です。ECサイトの最大手であるアマゾンは、1995年、オンライン書店として創業されました。もともと本はECとの親和性が最も高い商品の一つです。なぜそうなのでしょうか。

第一に、再販制《さいはんせい》のおかげで書籍には定価が明示されていること。第二に、特定の書籍に品質のバラツキはまったくないこと。第三に、偽物はありえないこと。第四に、他の商品に比べて、書籍の送料は比較的安いこと。

オンライン書店として出発したアマゾンは、取り扱う商品をどんどん増やし、今や、アマゾンで売っていないものは、法律で定められているモノなど限定的です。しかも、年会費を払ってプライム会員になると、ほとんどの商品を送料無料で配送してもらえます。

ＥＣサイトの有利な点は、取引費用が圧倒的に安い点にあります。一般の書店の経費の大半を占める、店舗《てんぽ》の賃料《ちんりょう》と店員の人件費を、ＥＣサイトは必要としません。のみならず、アマゾンのような大手ＥＣサイトは、量販店と同じく仕入れ単価が安くなります。大量の商品を毎日、配送するので、物流業者との交渉次第で、送料も安く抑えることができます。注文した日の翌日には、地域によりけりですが、配送されてくることが多いです。ＥＣサイトの買い手の多くにとって送料が無料というのはありがたい話です。

もちろん、リアル店舗と呼ばれる既存《きそん》の書店で本を買うメリットもあります。目当ての本を買いに行ったついでに別のおもしろそうな本を見つけたり、時間つぶしに行ったところ、好きな作者の新刊が出ているのを知って買ったりと、自分の世界を広げてくれる新たな「発見」がそこにはあるのです。最近では品揃《しなぞろ》えに特徴を出す書店が増え、趣味《しゅみ》の合う店を見つけたら、そこに通うだけで楽しくなることもあります。売り場の本を読めてしまうブックカフェが併設された店舗などもあり、書店にも新しい形のサービスが増えているのです。

話を戻すと、ＥＣサイトの扱う商品が増えるに伴《ともな》い、小売業界に激震《げきしん》が走っています。さかのぼると、大規模《だいきぼ》（店舗面積５００平方メートル以上の）小売店舗を規制するための法律が

2000年6月に廃止《はいし》されたときに、スーパーマーケットや家電などの量販店があちこちに開店しました。その結果、中小規模の小売店が居並《いなら》ぶ商店街が、あっという間に、シャッター街と化してしまったのです。

百貨店も影響を受けました。百貨店にはセレクトされた良い物が集まっていて、品質や品揃えに安心感もありますが、一方でスーパーや量販店に比べて、相対的に高い値札が付いています。有名百貨店のブランドイメージに関心のない人は、自宅近くの量販店で、衣料品、家電製品、化粧品、靴《くつ》などを買い求めます。

ところがしかし、量販店による小売業界の天下取りは、わずか15年程度しか続きませんでした。前述《ぜんじゅつ》したように、電子商取引という強敵《きょうてき》が現れたのです。電化製品、たとえば掃除機《そうじき》をECで買おうという人は、まずは量販店に出かけ、掃除機売り場で各種メーカーの製品を一覧します。店を後にして、お気に入りのECサイトにスマホでアクセスし、意中の掃除機を注文します。結局、家電製品の量販店をショールームとして扱う人たちが増えてしまったのです。

今後、電子商取引への傾斜《けいしゃ》はますます強くなるものと予想されます。ECサイトへのアクセスがパソコンでしかできなかったのは、過去のことです。スマホの登場がECサイトへのアクセスを簡略化《かんりゃくか》したため、電子商取引は一気に普及《ふきゅう》していったのです。アイフォーンが日本で売り出されたのが2008年。今や、スマホの普及率は85%を超えました。電子商取引がいつまで、これからの小売業界の支配者であり続けるか、だれにも答えられない難問です。

5
章

買う側として

効用と値段

Story

モノの価値は人それぞれ

本屋さんで友達にすすめられたマンガを買って、ルンルン気分で家に帰るクレール。さっそく、リビングで読み始める。

「う〜ん、なんかちがうなぁ。絵は好きだけど話が好きな感じじゃない」

友達の「これ読んだほうが良いよ、ゼッタイおもしろい!」という言葉と、表紙の絵を見て買ったクレール。だけど、失敗しちゃった。

クレールが残念な顔をしてマンガを置くと、ちょうどピエールがやって来た。

「あ、それ欲しかったやつ! ネットでタダの試し読み読んだらおもしろかったから、買おうと思ってたんだよ」

「え、こういうの読むっけ? 欲しかったら、あげるけど。あまり私の好きな感じじゃなかったし、たぶん続き買わないから」

「いいの? お金払っても良いけど」

「ううん、大丈夫」

「ラッキー!」

タダでマンガを手に入れて、喜んでいるピエール。

クレールにとっては〝効用〟がなかったけど、ピエールにはあったということか。

Chapter 05

効用と値段

買いモノをするとき、迷うことがあります。
そんなときには、値段が安いか高いとか、
食べ物なら自分の好きな味か嫌いな味か、どちらが得かなど、
自分にとっての満足の度合いを最も大きくするモノを買うはずです。
それを「効用《こうよう》」といいます。

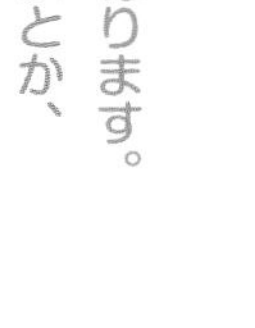

値段に見合うか？

失敗した買い物とは、使ったお金に見合うだけの効用がなかった買い物のことをいいます。つまり、買った商品から得られる効用が、買った商品の値段の総和《そうわ》以下である場合、買い物は失敗だったということになります。

例えば、クレールがペンを欲しがっているとします。同じペンの値段がA店では100円、B店では500円だとしましょう。クレールがA店のことを知らず、B店でペンを買ってしまったとしたら、どれくらいの損をするでしょうか。

まず、500円でペンを買ったことで、ペンの効用マイナス500円（ペンの値段）だけの得をしたことになります。効用から値段を引き算したものを「純効《じゅんこう》用《よう》」といいます。

A店のことを知らな

かったクレールが、ペンを買ったときに「500円はちょっと高かったけど、書き味がとても良いから、お買い得だったよ」と満足していれば、クレールは損をしていなかったということになります。つまり、クレールにとって、ペンの効用が500円以上だったから、思いきって500円でペンを買ったのです。

しかし、後で、A店で同じペンが100円で売られているのを知って、ガ〜〜ン!! ということになるかもしれません。

買ったときには満足していても、100円で買えていたら、クレールの純効用はペンの効用マイナス100円（ペンの値段）になるので、500円で買ったときより、400円も大きくなります。結局、A店のことを知らなかったために、クレールは純効用を400円も失ったことになるのです。

機会費用とは？

でも、損をしたのはそれだけでしょうか。少しひねってみると、それだけでないとも言えるのです。いったい、どんな損があるのでしょう。

クレールはB店でペンを買ったために、

400円の損をしました。ここで考えてみたいのは、使わないですんだはずの400円で、どんな買い物ができたかということです。

400円でノート3冊を買ったとしましょう。3冊のノートの効用マイナス400円が、3冊のノートの純効用です。でも、クレールがA店のことを最初から知らなかったせいで、ノートの純効用を失ってしまいました。つまり、500円でペンとノート3冊を買う機会を失ってしまったのです。

このことを「クレールは機会費用を支払った」といいます。失った機会費用はいくらかというと、100円のペンの純効用（ペンの効用マイナス100円）プラス3冊のノートの純効用（3冊のノートの効用マイナス400円）マイナス500円のペンの純効用ということになります。

時間コストという考え方

最新のゲーム機を買うために、朝早い時間から家電量販店の前に並ぶ人たちをニュースで見たことがあります。面倒くさそうにも見えますが、人それぞれの考え方があるのです。

店の前に並んでゲーム機を買うために払う費用は何でしょうか。まず、ゲーム機代があります。そして、店の前に並ぶための「時間コスト」も忘れてはなりません。

つまり、ゲーム機を買うための費用とは、ゲーム機代プラス行列

に並ぶための時間コストとなります。では、行列に並んで買い物をして得られる効用とは何でしょうか。

まず一つは、ゲーム機の効用マイナスゲーム機の代金という、ゲーム機を買ったことで得られる純効用です。では時間コストは計算しなくていいのでしょうか。

発売初日にゲーム機をわざわざ行列に並んで買いに行く人は、相当なゲーム好きのはずです。

ということは行列には、ゲーム好きの人ばかりが集まります。

行列で長いあいだ待たされるのは、疲れるし、面倒なはずです。でも、

行列の前の人も後ろの人も趣味がおなじ人間同士、会話がはずんで、あっという間に時間がたつかもしれません。行列で待たされる時間は、ゲーム好きにとっては時間コストというよりも、むしろ楽しい時間だったということになります。ですから、時間コストは無視してもいいと考えます。

行列で4時間待たされるのが、時間のムダだと考えたり、苦しいと考えたりする人にとっては、時間コストが高く見積もられます。その結果、時間コストを純効用から引き算すればマイナスになりますから、そんな人は発売初日にゲーム機を買いに行ったりはないでしょう。

ゲーム好きの人とゲームの話をすることに効用を感じる人もいれば、ひとり黙ってゲームをするのが好きな人もいます。効用とは、人それぞれなのです。

小学6年生の考えたこと&思うこと
【効用と値段】

=泉美智子　=12歳の少女

4年生のころに、外国で特大アイスクリームを買ったことがあります。値段はたしか千円以上しました。それが大きすぎてとても食べきれなく、家族にあげても残ってしまいました。

好きなだけ食べられて満足はしたけれども、千円分の効用は得られなかったということですね。

700円か800円分のアイスで同じ効用が得られたので、この買い物は失敗でした。アイスはおいしかったし、買った瞬間はすごくうれしかったんですけど。

もうひとり食べる人がいるか、もっとたくさん食べる人が家族の中にいたら、アイスクリームの効用は変わっていましたね。

はい。同じモノでも買う人によって効用がちがう、つまり人それぞれということなんだなと思います。

例えば全く同じアイスクリームでも、夏に食べるのと冬に食べるのでは効用がちがう、つまり、満足の度合いが違いますよね。状況が異なれば、効用も変わるのです。

私にとっては「大きいアイスを買った」という思い出として、特別な価値があることには変わりないですが！

原案となった
レポートの一部

コラム⑥

電子マネー

【キャッシュレス化から見るお金のしくみ】

文 泉美智子

モノやサービスを買うときに使うのは「お金」。お金には紙幣《しへい》と硬貨《こうか》があります。日本銀行は、紙幣を印刷して発行しています。財務省の造幣局《ぞうへいきょく》は、硬貨を鋳造《ちゅうぞう》しています。日本人の多くは、外出するとき、財布の中に現金を入れて持参しています。キャッシュレス化が進んでいるとはいえ、海外と比較してまだまだ整備が遅れていると言わざるを得ません（韓国96・4％、中国60％、日本19・8％ 野村総合研究所調査、２０１８年）。キャッシュレスと言っても中国ではＱＲコード決済《けっさい》が主流、韓国の場合はクレジット決済、ヨーロッパの場合はデビットカードというように、国や地域によって主流となる決済方法はまちまちです。

良い悪いは別にして、日本は、買い物の支払いに占める現金払いの割合が圧倒的に高い国です。いまだに現金払いしか受け付けないところもまだまだあります。クレジットカードでの支払いを拒否する一つの理由は、支払い金額の手数料数パーセントを店側がカード発行会社に支払わねばならないことです。それともう一つ、日本では、祝い金やお香典《こうでん》として現金の包みを持参することが、慣行《かんこう》とされています。

欧米諸国では、買い物は、パーソナルチェック（小切手《こぎって》）で済ませるなど、ずいぶん昔から、キャッシュレス決済が日常化していました。

その理由の一つは、欧米諸国の治安が悪いことです。現金の入った財布は盗難《とうなん》に遭いやすく、財布をねらうスリが至《いた》るところにいるといった具合に、欧米諸国を観光旅行する際には、財布の盗難に気をつける必要があります。

日本では、現金以外の支払い手段として、銀行口座引き落としのクレジットカードが昔からありますが、審査《しんさ》を経て、支払い能力ありと認められた人にしか、発行されません。

２０１９年10月の消費税10％への増税に際し、政府はキャッシュレス決済を推《お》し進めるべく、時限《じげん》付きでキャッシュレス決済をした人には２％または５％の消費税減税が適用されます。これをきっかけに、キャッシュレス決済用の各種スマホ用アプリが次々と登場し、日本のキャッシュレス化はそれなりに進展したようです。

私の憶測《おくそく》ですが、日本は今後ともキャッシュレス後進国であり続けるであろう、と予想します。理由はカード会社への手数料の支払いを避けるために、キャッシュレス決済をなるべく避け、現金払いを今後も続けたい意向《いこう》の店舗などが多いことに加え、ＡＴＭの利便性《りべんせい》が高いこと、盗難の少なさなど、現金への信頼性が高いこと。子どもからお年寄りまで、電子マネーが普及するには時間がかかりそうです。

お金名人

円元ドルにフランにポンド
きれいなものも美味しいものも
便利なものも遊べるものも
何でも買えるお金だけれど
時にお金は悪いことする
ヒトを傷つけ地球いじめる

2017年3月、人と社会、環境・地域に配慮した「幸せなお金の使い方」を、みんなで考えようと消費者庁主催のイベント「エシカル・ラボ」を公立鳥取環境大学の私のゼミ生がプロデュースしました。そのとき、詩人の谷川俊太郎さんから「声に出して読んでも、みんなで即興的に歌ってもいいですね」というメッセージを添えて、詩をプレゼントしていただきました。

小学6年生の素敵な発想と着眼点を活かして作った本書のエピローグとして、谷川俊太郎さんの詩「お金名人」で締めくくりたいと思います。

泉美智子

円元ドルにフランにポンド
どこから来たのどこへ行くの
お金が迷子にならないように
お金の行方よく見守って
お金の力よく考えて
お金名人目指して生きる

谷川俊太郎

Specialインタビュー

大人になった少女
Risa Kutani

泉美智子
Michiko Izumi

原案となった
夏休みの自由研究を書いた久谷理紗《くたにりさ》さんに
著者の泉美智子氏がインタビュー!

──夏休みの自由研究がこうして一冊の本になりました。今、どんな気持ちですか?

久谷　そうですね、ただただびっくりしました。小学生にとっては夢のある話だと思います。最初に泉さんからお話を伺《うかが》った時はあまり実感がわきませんでしたが、段々と形ができてくるにつれ、想像以上にしっかり自分の作品がベースになっているのが確認できて、うれしい限りです。

──そもそも私と理紗さんが出会ったのは、2005年に、私が講師《こうし》を務めた「夏休み 子どもの経済教室」に参加してくれたときだけど、それは覚えていますか?

久谷　え〜と、小6のときのことなので、実際にはあまり……。いろんな人がいて、写真を撮ったなって記《き》

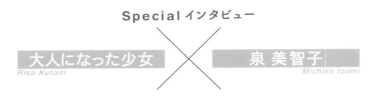

「日本語の経済学」はなぜ難しいのか

　今日《こんにち》の経済学は、イギリスとアメリカを中心とする英語《えいご》圏《けん》で理論化され実証されて参りました。繰り返しになりますが、本書の主たるテーマは「モノの値段の決まり方」です。値段という日常語は、英語のプライス（price）に当たります。経済学が欧米諸国《おうべいしょこく》から輸入《ゆにゅう》された際、当然のことながら、英文の文献《ぶんけん》の翻訳《ほんやく》から始まりました。「プライス」の日本語訳を「値段」とするのは、何やらそぐわない。値段メカニズム、市場値段、値段競争……。日常語がひんぱんに登場する経済学は学問と呼ぶにふさわしくなさそうだ。そこで、経済学の文献の中では、プライスの日本語訳に「価格」という、少なくとも明治期の日本人にとっては耳慣れない言葉をあてることにしたのです。

　英語圏の国々では、3歳の幼児も経済学者も、プライスという言葉を平気で用いるのです。ところが日本では、3歳の幼児がいう値段を、経済学者は価格という難しい言葉に置き換えることにしたのです。経済学に学問らしい風格《ふうかく》を与えるためには、値段という日常語を排除《はいじょ》することが必要だと、文献の翻訳に励《はげ》む気鋭《きえい》の経済学者たちは考えたのです。

　マーケット（market）という言葉も、経済学の中枢《ちゅうすう》に位《くらい》する重要な用語です。今や、マーケットという言葉は日本語となり、スーパーマーケット、フリーマーケットなどといった言葉の意味が、3歳の幼児にも通じるようになりました。しかし、その昔、経済学が日本に輸入された頃には、マーケットの日本語訳は「市場（イチバ）」または「市（イチ）」でした。そこで経済学者は、はたと困りました。マーケットプライスの日本語訳は「市場（イチバ）価格」でいいんだろうか。マーケットメカニズムの日本語訳は「市場（イチバ）メカニズム」でいいんだろうか、と。

　そこで、だれが発案《はつあん》したのか知りませんが、「市場」という日本語の音読み「シジョウ」をマーケットの日本語訳にすることにしたのです。確かに、市場（シジョウ）価格、市場（シジョウ）メカニズムは、専門用語としてふさわしい響きをもつわけで、市場（シジョウ）は日本語の経済学の中核的《ちゅうかくてき》概念《ねん》として定着したのです。

　英語圏の国々では、経済学の専門用語と日常用語がまったく同じなので、子どもにとっても大人にとっても、経済学はとても馴染《なじ》みやすいのです。他方、日本では、できるだけ日常用語を排除して、経済学の学問らしさを保つよう努めてきたせいで、残念なことに、「経済学は難しい！」というのが日本人の共通感覚になってしまったのです。

市場経済の主役は企業と家計

「経済とは何だろうか」を要約《ようやく》して説明するのは、さほど容易《ようい》ではありません。私は、次のように説明することにしています。

まず、経済という劇場《げきじょう》に参加するプレーヤーは、企業、家計、政府です。そして、これらのプレーヤーを主役とする、経済という動的《どうてき》な（時間軸《じかんじく》に沿って変化してゆく）劇が演《えん》じられる舞台のことを「市場」といいます。

企業は市場にモノやサービスを供給し、家計がそれらを需要します。サービスとしては、電車やバスによる輸送、理髪店《りはつてん》の散髪《さんぱつ》、病院の医療《いりょう》、学校の教育などが挙《あ》げられます。いずれのサービスもタダではなく、モノと同様に値段がついています。同じモノ・サービスを市場に供給する企業は多数います。生鮮食料品《せいせんしょくりょうひん》はもとより、加工食料品、スマートフォン、家庭電化製品、自動車など、あらゆるモノ・サービスを複数個《ふくすうこ》の企業が生産・供給し、価格、性能、機能、デザインなどの良さを競って、激しい市場競争を繰《く》り広げています。

買い手の家計も大勢います。それぞれの家計には好き嫌いがあって、限られた予算制約《よさんせいやく》のもとで、みずからの「効《こう》用《よう》」（満足の度合い）を最大化するよう、さまざまなモノやサービスを市場で買い物します。供給と需要が出会う場所が市場なのですが、供給と需要が一致《いっち》する（売れ残りや品切れがない）ように、市場で取引されるモノやサービスの価格が一義的《いちぎてき》に決まるのです。言い換えれば、モノやサービスの価格は、供給と需要をバランスさせる市場メカニズムの働きにより決まるのです。

家計は労働力を企業に売る（世帯主《せたいぬし》ほかが企業や役所で働く）ことにより、収入（所得）を得ます。家計の構成員（世帯主・配偶者《はいぐうしゃ》・子ども）は、店舗《てんぽ》を構《かま》える小売《こうり》店《てん》かネット通販で、欲しいモノとサービスを購入します。

買うか買わないかの決め手の一つが、それぞれのモノやサービスの価格なのです。買い物に必要なお金は、主として世帯主が働いて（労働力を企業や役所に売って）稼《かせ》ぐ所得なのです。極めて単純化して言えば、市場という舞台の上で、企業と家計がお金を介してモノとサービス、そして労働力の取引をするのが経済なのです。

政府の役割と税金

もう一つ付け加えておかねばなりません。世界中、どこの国でも、災害、火事、犯罪などが多発しています。企業と家計にくわえて、政府という、もう一人のプレーヤーがいましたよね。自然災害の被害者を救済《きゅうさい》したり、火事の現場に駆けつけ、燃える建物に残された人々を助けだしたり、消火したりするのは消防署の役割《やくわり》です。病人や怪我人《けがにん》を救急車で病院に運ぶのも消防署の役割です。犯罪が起きた際に現場に駆けつけ、犯人をつかまえたり、逃げた犯人を追《つい》跡《せき》したりするのは警察の役割です。人々が安心して暮らせるよう、治安と防犯に務めるのが警察の役割です。どこの国にも、国の安全を守るために軍隊《ぐんたい》（日本は自衛隊《じえいたい》）がいます。

消防、警察、国防という3つの仕事は、民間企業に任せるわけにはゆかないので、政府が引き受けざるを得ません。その他、国会、官庁、県庁、市役所、裁判所、公立の小中学校などの運営も政府の大切な仕事になります。

消防署のお世話になったから、警察のお世話になったからといって、お金を請求《せいきゅう》されたりはしません。政府の仕事（公務《こうむ》）を執行《しっこう》するには、公務員の人件費《じんけんひ》ほか、大変なお金を必要としそうですね。

お金を稼ぐことができそうにない政府は、一体全体《いったいぜんたい》、どうやって必要なお金を工面《くめん》しているのでしょうか。その答えは「税金」です。個人や企業が稼いだ所得に対して、政府は税金をかけるのです。所得税《しょとくぜい》だけでは足りないので、個人または企業が所有する土地、住宅、ビルに対して、固定《こてい》資産税《しさんぜい》を課《か》します。酒やタバコ、自動車にも税金がかかります。多くの国々が消費税《しょうひぜい》を導入しています。その他、諸々《もろもろ》の税金の合計が、政府（国と地方自治体）の収入になるのです。

経済学とは「経世済民《けいせいさいみん》」の学

それでは次に「経済学とは何だろうか」について考えてみましょう。企業は、みずからの利益（売上高《うりあげだか》マイナス経《けい》費《ひ》）を最大化するよう行動します。ここで言う経費には、人件費、家賃《やちん》、利子《りし》などは含まれません。製品を作るために要《よう》した原材料費《げんざいりょうひ》などが経費の大方《おおかた》を占《し》めます。企業は利益を最大化するよう行動します。家計は、所得制約のもとで、みずからの効用を最大化するよう行動します。

企業や家計のこうした行動のあり方を「合理的《ごうりてき》」と表現します。合理的な企業と家計が市場で取引することを前提《ぜんてい》にすえて、市場（価格）メカニズムの解明《かいめい》、不均衡《ふきんこう》（売れ残り・品切れ・失業《しつぎょう》など）を解消《かいしょう》する市場の力の正体、市場が有効に機能しなくなった際の処方箋《しょほうせん》などについて研究するのが、経済学という学問の課題なのです。

中国・東晋《とうしん》の道教《どうきょう》研究者葛洪《かっこう》（283－343）の著作《ちょさく》の中に「経世済民《けいせいさいみん》」という四文字熟語が現れます。「世を経（おさ）め民を済（すく）う」という意味です。その後、中国隋代《ずいだい》の儒学者王通《じゅがくしゃおうとう》（584－618）が、「経世済民」の略語として「経済」そして経済学という言葉をはじめて用いました。王通の考えた経済学の対象は政治・統治・行政であります。先に説明した経済学とは、ずいぶん意味が違うようですね。

実は、もともとヨーロッパでも、経済学は、政治・統治《とうち》・行政《ぎょうせい》のための学問だったのです。経済学の古典として名高いアダム・スミス『諸国民《しょこくみん》の富《とみ》』（1776年）は「個々人《ここじん》が私利私欲《しりしよく》を追求するに任せておけば、『見えざる手』の導《みちび》きにより、国（社会）全体の富を最大限高めることができる」というアダム・スミスのテーゼを提唱《ていしょう》しました。このことの裏を返せば、「国家は市場経済に干渉《かんしょう》すべきでない」という国の経済政策の指針《ししん》が導《みちび》かれます。自由主義経済を推奨《すいしょう》する見解《けんかい》にほかなりません。

新古典派とケインズ派

1870年代のオーストリアで発祥《はっしょう》し、その後、イギリスとアメリカで広範《こうはん》な展開を見せた新古典派《しんこてんは》経済学という学派《がくは》があります。古典派経済学の代表者は、すでに紹介したアダム・スミスであり、思想的にはスミスの流れを汲む、新しい経済学派という意味で、新古典派経済学と命名《めいめい》されたのでしょう。

市場経済における価格の決まり方に始まり、市場（価格）メカニズムの働きを理論的に解明することが、新古典派経済学の出発点にあります。その意味で、価格に焦点《しょうてん》をしぼった本書は、新古典派経済学の入門書ということになります。

20世紀に入り、ジョン・メイナード・ケインズという偉大《いだい》な経済学者が現れました。彼は『雇用・利子・貨幣《かへい》に関する一般理論』（1936年）という著書により、次のような、まったく新しい経済学を提案したのです。新古典派が想定《そうてい》するように、市場経済は万能ではなく、失業という労働市場の不均衡《ふきんこう》、景気変動《けいきへんどう》という不安定を免《まぬが》れることはできない。不均衡や不安定を是正《ぜせい》するためには、財政金融政策《ざいせいきんゆうせいさく》を駆使して、政府が市場に介入しなければならない。

「経世済民」の学そのもののケインズ経済学は、第二次大戦後、財務省《ざいむしょう》や中央銀行の政策の模範《もはん》となり、今なお、強い影響力を保ち続けています。国家予算の伸縮《しんしゅく》、税制改革《ぜいせいかいかく》、失業保険、生活保護世帯《せいかつほごせたい》への生活費支給、国民健康保険、介護《かいご》保険などが、財政政策の典型例《てんけいれい》として挙げられます。日本の政府では、財務省と厚生労働省《こうせいろうどうしょう》が、以上に列挙《れっきょ》した財政政策を遂行《すいこう》する役割を担《にな》っています。

金融《きんゆう》政策は、主として日本銀行の仕事です。個人や企業から集めた預金の一定割合を日銀に預金することが、銀行に義務付けられています。日銀が銀行の預金に支払う金利のことを「政策金利」といいます。政策金利の引き上げ・引き下げにより、市中《しちゅう》に出回るお金の量を調整し、インフレやデフレを回避《かいひ》するのが、日銀の金融政策なのです。

12歳の少女は天才なのだ

さて、話が経済学に深入りし過ぎたようですので、この辺りで折り返して、話を本書に戻しましょう。12歳の少女が物《もの》した本書の原作は、泉美智子さんのセミナーで学んだ経済学の基本を、12歳の少女の新鮮な知性《ちせい》が、持ち前の優れた理解力と表現力を駆使して、「モノの値段の決まり方」について調べ学習した素材に、卓抜《たくばつ》した想像力と創造力の産物《さんぶつ》として、わずか1週間で書き上げた力作なのです。

裁定取引《さいていとりひき》、機会費用《きかいひよう》、自由財《じゆうざい》、非価格競争《ひかかくきょうそう》、シャドウ・ワークなど、難しいコンセプトを正確に理解して、自分なりのストーリーを仕立て上げた彼女の能力を天才的と評《ひょう》しても、決して過分《かぶん》ではありません。

12歳で大学レベルの数学をマスターしたという天才には、私はこれまでの人生で何度か出会ったことがあります。もともと数学は、天才の生まれやすい性格の学問なのです。つまり、数学の天才たちが共有するのは、（数学的実在《すうがくてきじつざい》の世界を可視化《かしか》し得る）特異《とくい》な脳の構造なのです。10万人に数人の割合で、そうした特異な脳を有する人がいるのです。

しかし、経済学の天才、もっと広くは社会科学の天才というのは、過去を振り返っても、滅多《めった》にいません。ジョン・メイナード・ケインズは「経済学者は、適度に数学者、適度に哲学者、適度に歴史学者、適度に文学者等々、すべての学問に通暁《つうぎょう》していなければならない」という趣旨《しゅし》のことを述べています。確かに、私の経験にてらしても、上記の諸学のほか、物理、化学など自然諸科学の知識の理解力が、経済学の古典を解読するに当たっても、また先駆的《せんくてき》な著書・論文を書くに当たっても必要不可欠なのです。

夏目漱石も同じ意味での天才でした。第一高等学校で、全科目で最優秀の夏目漱石が東京帝国大学建築科を目指すと聴いた、秀才《しゅうさい》の誉高《ほまれたか》い友人が次のように忠告《ちゅうこく》しました。「夏目君。君がいうような美術的建築は百年経ってもできやしないよ。それより文学をやりたまえ。文学なら勉強次第で、何百年後、何千年後にも伝えられる大作もできるじゃないか」。忠告に従い漱石は大学で英文学を専攻するのですが、その実、漱石の大作は今もって読み継がれています。

本書の著者・泉美智子さんは、過去20年間、子どもの経済教育に携《たずさ》わってこられました。素晴らしい業績《ぎょうせき》です。12歳の少女に、天才児の片鱗《へんりん》をうかがわせる作品を物するきっかけを提供されたことを私は、泉さんの優れた業績の一つに数えられると考えます。本書の監修役を務めさせていただいたことに篤《あつ》く御礼《おれい》を申し上げ、筆をおきます。

【参考文献】

『経済の考え方がわかる本』（岩波書店）
『朝日学習年鑑 調べ学習』（朝日新聞社）
『子どもに教えたいお金の話』（PHP 研究所）

【WEB】

日本銀行「にちぎんキッズ」
https://www.boj.or.jp/z/kids/

「シチズン意識調査」
https://www.citizen.co.jp/research/

新宿区「粗大ごみの処理手数料一覧」
https://www.city.shinjuku.lg.jp/seikatsu/file09_05_00001.html

日本臓器移植ネットワーク「臓器移植とは？」
https://www.jotnw.or.jp/learn/about/

内閣府「無償労働関係」
https://www.esri.cao.go.jp/jp/sna/sonota/satellite/roudou/roudou_top.html

UBS「世界の都市においての生活費」
https://www.ubs.com/microsites/prices-earnings/en/

【著者プロフィール】

泉 美智子●いずみ みちこ

子どもの経済教育研究室代表。四国学院大学非常勤講師。ファイナンシャル・プランナー。京都大学経済研究所東京分室、公立鳥取環境大学経営学部准教授を経て現職。消費者教育を中心に、全国各地で講演活動を行う。『節約・貯蓄・投資の前に 今さら聞けないお金の超基本』（朝日新聞出版）の監修ほか、環境、経済絵本、児童書の執筆多数。

水元さきの●みずもと さきの

1995 年、東京都生まれ。会社員を経験後、2019 年にイラストレーターとして独立。青を基調とした独特な色彩と、柔らかな雰囲気のタッチが特徴。書籍やＣＤジャケット、広告など幅広いジャンルで活動中。

モドロカ

デザイナー兼イラストレーター。イラストを手がけた著書に『なぜ僕らは働くのか』（学研プラス）、『マンガでわかる！ 10代に伝えたい人生を前に進める名言集』（大和書房）など。

佐和隆光●さわ たかみつ

滋賀大学前学長。京都大学名誉教授。専攻は計量経済学、エネルギー・環境経済学。経済学博士（東京大学、1971 年）。日本経済を論じたり、科学論の観点から経済理論の意味づけを考察したりするなど、幅広く著作活動を続けている。『経済学とは何だろうか』（岩波書店）、『佐和教授 はじめての経済講義』（日本経済新聞社）など多数。翻訳に『レモンをお金に変える法』（河出書房）など。

STAFF
装丁：AFTERGLOW
本文デザイン・DTP：AFTERGLOW／Catany design
原案：久谷理紗

12歳の少女が見つけたお金のしくみ

2020年6月10日　第1刷発行
2024年2月28日　第3刷発行

著者　泉 美智子
漫画　水元さきの
イラスト　モドロカ
監修　佐和隆光

発行人　関川 誠
発行所　株式会社宝島社
〒102-8388　東京都千代田区一番町25番地
電話　営業03-3234-4621
編集03-3239-0928
https://tkj.jp
印刷・製本　サンケイ総合印刷株式会社

ISBN 978-4-299-00505-2